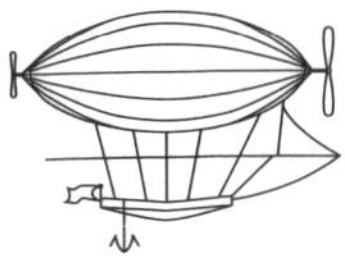

Im Paradies der weissen Häubchen

Meine Kindheit im Spital

Alex Oberholzer

Für Serafin, Sebastian, Leonard und Salome

Vorspann

Für meine Eltern war es furchtbar. Viel zu jung schwanger. Überstürzte Heirat. Schneller Umzug von der ländlichen Umgebung, wo jeder jede kannte, in die anonyme Grossstadt. Und dann kam ich. Eine Laune der Natur, geboren im Sommer 1953 in einem Spital in der Nähe von Zürich. Gesund und schreiend, aber auf der rechten Seite ohne Hand und Fuss, am linken Fuss mit nur drei Zehen, zwei davon zusammengewachsen. Für meine Eltern war das ein grosses Unglück und irgendwie wohl auch eine Strafe Gottes.

Bis dahin hatten sie es schon nicht einfach gehabt. Beide waren in ärmlichen Verhältnissen im Toggenburg aufgewachsen. Sie, aufgeweckt und neugierig, mit gutem Sekundarschulabschluss, wollte eine Lehre machen in einem Betrieb. Doch sie musste sofort Geld verdienen, also nahm sie eine Stelle an als Hilfskraft in einer Stickerei. Er verlor seinen Vater bereits als Kind, beendete kaum die obligatorische Schule, um schnellstmöglich bei den Bauern in der Umgebung als Knecht den Unterhalt für die Familie und die Ausbildung seines jüngeren Bruders zu finanzieren. Weil sie am Wochenende in einer Wirtsstube servierte, lernten sich die beiden kennen, waren bald ein Paar.

Ungewollt wurde sie schwanger. Um dem Gerede im Dorf zu entfliehen, zogen sie in die Nähe von Zürich und heirateten. Mein Vater nahm eine Stelle als Kondukteur bei der Sihltalbahn an. Dafür brauchte man keine Lehre. Zwar ging alles rasend schnell, aber immerhin hatte man jetzt einen kleinen Lohn, eine kleine Wohnung mit Kinderzimmer und einen geordneten Zivilstand.

Mit meiner Geburt kamen sie nicht klar. Zu gross waren die Selbstvorwürfe. Also gaben sie mich zu den Grosseltern, den Eltern meiner Mutter. Dort verbrachte ich die ersten Monate meines Lebens. In einem beschaulichen Dorf im Toggenburg.

Wieder zurück in der Agglomeration von Zürich, ich lernte gerade mit einer behelfsmässigen Prothesenkonstruktion laufen, da kam ein erneuter Schicksalsschlag. Die Sünden aus dem letzten Leben mussten gigantisch gewesen sein. War ich tatsächlich ein derartiger Schlingel? Oder badete ich gar etwas für andere aus? Ich erkrankte an Kinderlähmung. Poliomyelitis. Eine hoch ansteckende Viruserkrankung, welche bei fast einem Prozent der Infizierten zu lebenslangen Lähmungen oder zum Tod führt. Erst 1955 wurde ein wirksamer Impfstoff gefunden, ein Jahr nach der letzten grossen Epidemie mit 1628 Fällen in der Schweiz. Es war also gleichsam die letzte Welle, die im Jahr 1954 über Zürich und Umgebung schwappte. Kurz darauf gabs bekanntlich eine süsse Alternative: die Polio-Impfung, welche man auf einem Stück Würfelzucker landesweit verabreicht bekam und mit der man der Krankheit Herr wurde. Mich aber erwischte es noch. Eine Erinnerung daran habe ich nicht.

Meine Eltern erzählten mir viel später, dass mich plötzlich starke Fieberkrämpfe geplagt hätten und ich tags darauf nicht mehr aufstehen konnte. Ich lag mit grossen Schmerzen völlig unbeweglich im Bett.

Sofort wurde ich ins Kinderspital Zürich verlegt. Dort war schnell klar: Poliomyelitis, Typ 1, mit bleibenden Folgen. Wie diese aussehen würden, wusste man damals noch nicht. Viele der erkrankten Kinder erholten sich in den ersten Wochen nach der Ansteckung mit dem Virus wieder vollständig, andere konnten nicht mal mehr selbst atmen und mussten an die Lungenmaschine angeschlossen oder von Hand beatmet werden. Viele starben auch daran. Zwischen diesen Extremen war alles möglich.

Nach einigen Wochen im Kinderspital Zürich lautete meine Diagnose: linkes Bein total gelähmt, rechtes Bein sowie Bauch-, Rumpf- und Rückenmuskulatur fast vollständig gelähmt. Zusammen mit den angeborenen Missbildungen bedeutete das eine ziemlich einschränkende Behinderung. Ob ich jemals mit diversen Hilfsmitteln wie Orthese, Prothese und Korsett sowie Krücken würde gehen können, wusste niemand. Wie alle Langzeitpatientinnen und -patienten wurde ich in die Aussenstation des Kinderspitals Zürich verlegt, ins Kispi in Affoltern am Albis. Dort blieb ich zwölf Jahre.

Ich habe also meine ganze Kindheit in einem Heim verbracht. Nicht Vater und Mutter waren meine Bezugspersonen, sondern Pflegepersonal. Betreuerinnen, Schwestern, Ergo- und Physiotherapeutinnen.

Was heute unvorstellbar scheint, war damals üblich. Das Kinderspital war voll mit kleinen Patientinnen und Patienten mit Kinderlähmung. Die meisten – auch ich – entfremdeten sich von ihren Eltern. Diesen wurde gesagt, es sei besser für das Kind, wenn sie es nicht besuchen kämen. Wegen der Bazillen, der Viren und des immer wieder neu entfachten Heimwehs. Meine Eltern glaubten der Ärztin – der Göttin in Weiss – und besuchten mich nicht. Das Kispi wurde mein Zuhause.

Es war ein Schlösschen mit zwei Türmen, hoch thronend auf dem Mühleberg über Affoltern am Albis. Darin wohnten um die sechzig Kinder, verteilt auf drei Stockwerke.

Allen, die mich dort aufzogen und betreuten, den Schwestern, Physiotherapeutinnen, Ergotherapeutinnen und Lehrerinnen, ist dieses Buch gewidmet. Selbstverständlich all jenen, die mich liebten, pflegten, streichelten und trösteten, aber auch jenen, die mich beschimpften, plagten und schlugen. Mit jedem Wort, mit jeder Faser ihres Körpers, mit jedem Zipfel ihres Herzens und jedem Zucken ihrer Seele gaben sie mir etwas mit. Auch wenn sie schwiegen, auch wenn sie nichts taten. Allein durch ihre Präsenz, mit ihrer Anwesenheit, mit ihrer Persönlichkeit. Sie alle trugen zur Substanz bei, welche die Grundlage für mein damaliges und auch späteres Leben bildete.

Das Aufwachsen in einem derart hermetisch abgeschlossenen Raum fernab jeder Realität ist etwas ganz Besonderes. Es hatte zuweilen etwas Paradiesisches. Die Welt endete am Gartenzaun. Immer, wenn ich später Freunden oder Bekannten aus meiner Kindheit erzählte, sagten sie, darüber müsse ich ein Buch schreiben. Lange Zeit wollte ich das nicht, ich fand es zu privat.

Nun habe ich es doch getan.

Mit zwölf Jahren musste ich «nach Hause» zu meiner Familie. Absurd, denn das Kispi war doch mein Zuhause. Entsprechend grausam war der Übertritt. Ein riesiger Schock, die Vertreibung aus dem Paradies. In den ersten Jahren kam mir die Welt draussen vor wie die Hölle. Viele meiner behinderten Kolleginnen und Kollegen von damals schafften den Sprung in diese Welt, diesen Gang durch die Hölle nicht.

Wenn mich heute Menschen fragen, warum es ausgerechnet mir gelungen sei, in dieser Welt Tritt zu fassen, dann sage ich jeweils: Der Grund war das Personal, die Schwestern im Heim, die Lehrerinnen, die Physio- und Ergotherapeutinnen. Ich rede selbstverständlich bewusst nur in der weiblichen Form. Männer gab es in meiner Kindheit keine, Betreuerinnen aber sehr viele. Ich hatte die Wahl. Nicht direkt natürlich, ein Plan regelte meine ganz persönliche Betreuung. Aber da war doch genügend Abwechslung. An Freitagen, während der Ferien oder bei Stellenwechseln. Zudem gab es auf jedem Stockwerk für alle Kinder zuständige Schwesternhilfen.

In jener Zeit häuften sich unzählige Erlebnisse. Alle sind sie fest in mein Hirn, ja meinen ganzen Körper eingebrannt. Unvergessen seit der Kindheit und wohl bis zum Tod. Sie begleiten mein Leben – und bestimmen es mit. Die wichtigsten fanden Eingang in dieses Buch.

Ich kannte also bei meiner Ankunft daheim weder meine Eltern noch meine beiden jüngeren Geschwister. Es dauerte Jahre, bis ich mich in der Welt ausserhalb des Kinderspitals eingelebt hatte. Ein wichtiger Schritt dabei war der Besuch des Gymnasiums. Da merkte ich, dass ich mit Bildung von den körperlichen Defiziten ablenken konnte. Für die Umgebung wurde ich vom behinderten Kind zum intelligenten Jungen. Beides war lächerlich, aber ich war nun mal in diesem Alter, in dem es wichtiger war, was die Menschen um einen herum von einem dachten, als was man selbst von sich hielt.

Erinnere ich mich zurück, so tauche ich ein in ein gigantisches Wechselbad der Gefühle. Von Schmerz, Qual und Ungerechtigkeit über Gleichgültigkeit und Langeweile bis hin zu grenzenlosem Glück, Euphorie und Triumph. Alles, was andere Mädchen und Jungs erleben, erlebte ich genauso, aufgrund der speziellen Umstände einfach etwas extremer.

Heute bin ich 69 Jahre alt, habe nach dem Studium der Mathematik und Literaturwissenschaft kurz als Lehrer, dann fast ein Leben lang als Filmredaktor beim Radio gearbeitet, beim Fernsehen und in der Kommunikation des Bundes. Auch bin ich Vater von vier erwachsenen Kindern, denen ich – und darauf bin ich besonders stolz – jene Wärme und Zärtlichkeit geben konnte, welche ich als Kind so schmerzlich vermisste.

Erste Erinnerung: Heimweh

Keine Ahnung, wie alt ich war. Ich konnte jedenfalls sprechen und kannte die Bedeutung der Worte. Ich lag in meinem Bett in einem Zweierzimmer. Das andere Bett war leer. Ich war also allein. Es war frühmorgens, das Fenster stand weit offen, die Sonne schien herein. Es wehte ein angenehmes Lüftchen, Vögel zwitscherten. Trotz dieser schönen Stimmung war ich unendlich traurig. Ich hatte Heimweh. Und weinte leise. Eine Schwester trat herein, fragte mich, warum ich traurig sei. Da sagte ich, ich hätte grosses Heimweh. Ich wollte nach Hause zu meiner Mutter. Sie sagte mir, dass sie das verstehe, dass das jetzt halt aber nicht gehe.

Ich wollte mich nicht damit abfinden und fragte sie, wo denn meine Mutter sei. Sie sagte, soweit sie wisse, sei meine Mutter zu Hause in Zürich. Ich hatte keine Ahnung, wo oder was das sein sollte, und fragte, wo denn Zürich sei. Sie sagte, draussen, irgendwo auf der Welt. Ich fragte, wo denn die Welt sei. Sie zeigte mit dem Finger aus dem Fenster: Hier draussen, das ist die Welt. Die Sicht war klar. Mein Blick folgte also ihrem Finger, und ich sah am Ende, weit weg, das Dorf. In meiner Wahrnehmung zeigte der Finger auf ein bestimmtes Haus tief unten im Dorf. Dort also wohnte meine Mutter.

Als die Schwester wieder gegangen war, da wusste ich, ich musste jetzt einfach ungeheuer laut schreien, damit mich meine Mutter dort im Haus hört und holen kommt. Aus dem Weinen wurde ein Brüllen. Ich schrie, so laut ich konnte: Mami, Mami! Es muss wirklich laut gewesen sein, denn es kamen fast gleichzeitig drei Schwestern in mein Zimmer gerannt und fragten entsetzt, was denn Schlimmes passiert sei. Ich erklärte ihnen, ich hätte Heimweh, wollte zu meiner Mutter. Und weil sie sehr weit weg wohne, müsse ich halt so laut schreien. Vielleicht höre sie mich dann, draussen in der Welt. Die Schwestern zeigten Verständnis, versuchten mich zu beruhigen und zu trösten.

Die Schreie verhallten ungehört. Irgendwann vergass ich meine Mutter.

Der Drang nach Bewegung

Jedes Kind will sich bewegen, will vorwärtskommen, will dorthin, wo etwas Spannendes passiert. Für uns, deren Körper nicht so funktionierte, wie er eigentlich sollte, war das ein Problem. Aber wir lösten es, wie mir scheint, ganz geschickt und vor allem sehr individuell. Ich beispielsweise konnte aufgrund der Lähmung lange gar nicht laufen und brauchte später stets Hilfsmittel dazu. Deshalb kroch ich meistens herum. Meine Arme waren stark genug, mit ihnen konnte ich meinen Körper mitschleifen.

So machten es im Kinderspital die meisten Kinder. Die Ärztin mochte das nicht. Ihr Credo war der aufrechte Gang. Also mussten Orthesen her, um die lahmen Beine zu stabilisieren, Prothesen, um fehlende Glieder zu ersetzen, und Korsetts, um das Rückgrat zu strecken. Genauso qualvoll, wie sich diese Worte anhören, sind auch die Gerätschaften. Also zogen wir sie wann immer möglich aus und sind gekrochen.

Wir kamen so schneller vorwärts – und es bereitete weniger Schmerzen. Denn die Hilfsmittel taten weh. Es brauchte lange Zeit, bis sie sich dem Körper angepasst hatten und der Körper sich an sie gewöhnt hatte. Dauernd hatte man Druckstellen und Wunden. Wie bei neuen, harten Wanderschuhen. Nur enden diese oberhalb des Knöchels. Die orthopädischen Hilfsmittel reichten von der Fusssohle bis zum Hals. Und weil ein Kind ja jeden Tag wächst, passten sie eigentlich nie. Trotzdem mussten wir irgendwie laufen lernen. Also steckte man uns in diese Apparate. Wenigstens für die Physiotherapie, und manchmal wurde mit ihnen auch ein kleines Schrittchen gemacht. Vorwärts kam man so nicht.

Das bequemste Fortbewegungsmittel war eindeutig der Rollstuhl. Doch nur Kinder, bei welchen keine Aussicht darauf bestand, dass sie jemals würden gehen können, besassen einen eigenen Rollstuhl. Sie beneideten wir anderen sehr. Daneben gab es pro Stockwerk zwei Rollstühle, die reserviert waren für die Kinder, welche aufgrund einer Verletzung nicht zum Gehen gezwungen werden konnten. Diese Rollstühle waren sehr begehrt; kaum war einer frei, besetzte ihn einer von uns. Es gab also eine eindeutige Priorisierung der Fortbewegungsmittel. Am liebsten war man im Rollstuhl. Von denen gab es aber zu wenige. Also krochen wir. Das war schnell, führte uns zum Ziel und schmerzte nicht. Jedenfalls nicht sofort. Die Druckstellen an Händen und Knien wurden jeweils erst später spürbar.

Ärztin und Personal wollten natürlich, dass wir uns mit den Apparaten und den Stöcken fortbewegten. Schliesslich hatten sie einen Auftrag. Wir Kinder wollten das nicht. An Ort und Stelle stehend zu leiden, ist für Kinder keine Option. Das Spital aber musste uns vorbereiten auf die Welt danach. Wir kannten diese Welt nicht, und darum interessierte sie uns auch nicht.

Kinder aus aller Welt

Es waren immer etwa sechzig Kinder im Kispi Affoltern, welche sich über drei Stockwerke verteilten und zu zweit, zu dritt oder zu viert in einem Zimmer wohnten. Viele kamen aus dem Ausland. Schon damals brauchten Spitäler Privatpatienten, um zu überleben. Als ich etwa sechs Jahre alt war, bewohnte ich mit zwei anderen Knaben ein Dreierzimmer. Einer von ihnen war Gino. Er kam aus Italien. Und so lernte ich in kürzester Zeit Italienisch. Eine Weile waren Gino und ich Freunde. Das hatte auch damit zu tun, dass er alle drei Monate von seinem Vater Besuch bekam. Dieser reiste dann jeweils mit einem dunkelblau glänzenden Sportwagen aus Mailand an, blieb knappe zwei Stunden und schenkte Gino jedes Mal einen Koffer voller Modellautos der Marke Dinky Toys. Gino mochte es nicht, zu teilen, aber er hatte so viele Autos, dass wir anderen Kinder auch damit spielen durften. Mein Lieblingsauto war ein beigefarbener Chevrolet Impala mit bordeauxrotem Interieur. Er war nicht nur schön geformt, sondern auch perfekt gefedert. Er fuhr wie auf einem Luftbett. Zudem konnte man alle vier Türen sowie Motorhaube und Kofferraum öffnen. Ich denke, es war ein massstabsgetreu nachgebautes Modell. Und wenn man sein Dach auf einer Seite etwas antippte, dann winkelten sich die Vorderräder leicht ab, und der Wagen machte eine elegante Kurve. Natürlich gab es in Ginos Wagenpark auch viele Sondermodelle: Busse, Polizeifahrzeuge, Feuerwehrautos, Krankenwagen, Lastwagen und Kräne – mein Lieblingsauto aber blieb der Chevrolet. Zumindest so lange, bis eine Kofferladung später ein Jaguar E mein Kinderherz beglückte. Ohne es zu wissen, simulierten wir damals mit diesen Autospielen eine Welt, die wir noch gar nicht kannten.

Unvergessen sind die Auftritte von Ginos Vater, einem grossen, beleibten Mann mit Glatze auf kugelrundem Kopf. Sein Anzug hatte die gleiche dunkelblaue Farbe wie sein Auto. Dazu trug er ein weisses, wie mir schien ziemlich steifes Hemd mit goldenen Manschettenknöpfen und auffällige Schuhe. Diese glänzten derart, dass es mir fast leidtat, dass sie auf Schritt und Tritt mit unserem doch eher bescheidenen Spitalboden aus Linoleum in Kontakt kommen mussten.

Die Freundschaft mit Gino endete allerdings abrupt, als er mir einmal befahl, ich müsse, um ihm meine Freundschaft zu beweisen, ein paar Schlucke seines Urins trinken. Mit grosser Überwindung tat ich es tatsächlich. Es schmeckte salzig. Als er dann an der Reihe war, drehte er sich einfach um, kroch davon und sagte abfällig, nein, das mache er nicht. Die Freundschaft war vorbei. Mit dem Chevrolet und dem Jaguar E durfte ich nicht mehr spielen.

Es kamen immer wieder Kinder aus dem Ausland zu uns. Die Ärztin sagte, das sei deshalb, weil das Kinderspital über die Grenzen hinaus einen sehr guten Ruf habe. Wir Kinder rätselten dann jeweils, wer da wohl wen rufe und wo das Ausland wohl sei. Unsere Welt endete am Gartenzaun.

Erstaunlich war, dass fast alle diese Kinder perfektes Schweizerdeutsch sprachen, da sie von klein auf im Kinderspital lebten. Diese Besonderheit fällt mir erst heute auf. Damals war es selbstverständlich.

Wir wuchsen in Affoltern so multikulturell auf wie wohl nur wenige Kinder in der Schweiz in jener Zeit. Allein die Namen der Länder und Kinder klangen verheissungsvoll: Nada aus dem Oman, Zullmira aus Beirut, Yildez, Tamara, Moshe und Aaron aus Tel Aviv, Inge aus China, Emat aus Ägypten, Sämi aus dem Sudan, dazu Jochevette, Omri, Odilo und so weiter.

Amüsiert hat uns Kinder die Familiengeschichte von Adelah aus Kuwait. Sie hatte an die Wand über ihrem Bett ein grosses Bild gehängt: im Zentrum ein Mann mit weissem Turban. Um ihn herum standen und sassen rund vierzig Frauen. Aufgrund ihrer Verschleierung und der wallenden Gewänder waren die Menschen für uns nicht voneinander zu unterscheiden. Deshalb machten wir Kinder uns einen Spass daraus. Jedes Mal, wenn wir zu Adelah ins Zimmer kamen, fragten wir sie mit einer Mischung aus Neugierde, Witz und Verwunderung: Welches ist deine Mutter? Wir staunten nicht darüber, dass dieser Mann vierzig Frauen hatte. Nein. Wir wunderten uns, dass Adelah in dieser gleichförmigen Schar junger Frauen ihre Mutter immer so zielsicher fand.

Eine unangenehme Erinnerung verbindet mich mit Avri aus Israel. Ein äusserst liebenswürdiger Junge, der wegen einer vollständigen

Lähmung völlig unbeweglich war. Er lag also den ganzen Tag im Bett. Aber er konnte Schach spielen. Das interessierte mich, und ich fragte ihn, ob er mir das Spiel beibringen würde. Grosszügig willigte er ein. Weil er seine Züge nicht selbst ausführen konnte, übernahm ich das für ihn. Natürlich verlor ich immer. Dann, nach einigen Wochen, ich begann das Spiel inzwischen zu beherrschen, realisierte ich aufgeregt, dass mein erster Sieg nahte. Ich sah ein Schachmatt in zwei Zügen voraus. Ich sagte das Avri, worauf er völlig überzeugt entgegnete, ich hätte seinen letzten Zug falsch ausgeführt. Ich war mir absolut sicher, dass dem nicht so war.

Er aber beharrte darauf und weigerte sich, weiterzuspielen, wenn ich den Zug nicht rückgängig machen würde. Das ärgerte mich immens. Ich sah mich um meinen ersten, lang ersehnten Sieg betrogen. Ich wurde wütend und gab Avri eine Ohrfeige. Ja, ich gab einem wehrlos vor mir liegenden Kind eine Ohrfeige. Er verzog keine Miene, starrte mich nur ungläubig an. Ich erschrak über mich, zog mich zurück in mein Bett, versteckte mich beschämt unter der Decke und begann zu weinen.

Noch heute, wenn mich aus irgendeinem Grund die Erinnerung an diesen Vorfall einholt, ist mir das nicht nur unendlich unangenehm und peinlich. Nein, es war auch das erste einer Reihe von Ereignissen in meinem Leben, wie sie wohl jeder Mensch kennt: Sobald die Erinnerung daran aufpoppt, möchte man sofort vom Erdboden verschluckt werden.

Das Geheimnis der Schwestern

Die Schwestern waren unsere wichtigsten Bezugspersonen. Sie waren unsere Mütter. Wir hatten das grosse Privileg, nicht nur eine uns zugeteilte Mutter zu haben, sondern eine ganze Auswahl: Da gab es alles, von der Hexe bis zur Prinzessin, von der Göttin bis zur Domina. Natürlich bestimmte ein Einsatzplan, welche Schwester für wen zuständig war. Aber wir waren ja alle mobil, krochen herum, sassen in unseren Rollstühlen oder konnten auch schon etwas herumhumpeln. Jedenfalls wussten wir genau, wo sich unsere Lieblingsschwestern jeweils aufhielten, und waren dort, wann immer die Zeit es zuliess, auf der Pirsch. Der Vorteil war, dass man sich unweigerlich und gezwungenermassen eine grosse Menschenkenntnis aneignete. Wir wussten auf den ersten Blick, woran wir mit einer Schwester waren. Es ging schliesslich ums emotionale Überleben.

Wir erkannten sie alle an ihrem Schritt. Kaum verliessen sie den Lift und setzten ihre Füsse in den Flur, da wussten wir auch schon, welche Schwester es war; wer herumtippelte, schlurfte, wackelte, tanzte oder schwebte. Es gab immense Unterschiede. Im Auftreten, im Aussehen und natürlich im Charakter. Die meisten waren lieb, einige besonders, einige streng und nur ganz wenige unausstehlich. Diese waren meist älter und verbittert. Sie hatten einen schneidenden Ton und wiesen uns dauernd zurecht; ganz egal, was man tat, es war entweder falsch oder verboten.

Am schlimmsten waren die Quälgeister, die uns körperlich bestraften oder uns aus anderen Gründen physischen Schmerz zufügten. In dieser Hinsicht am unangenehmsten war Schwester Alice. Sie war eine Hexe. Kein böser Mensch, aber total überfordert. Ihr wäre es wohl am liebsten gewesen, wir wären von morgens bis abends bewegungslos auf unseren Bettchen gesessen und hätten keinen Ton von uns gegeben. Aber wir waren Kinder. Und so redeten wir, wir lachten und schrien und waren – sofern möglich – immer in Bewegung. Schwester Alice war sehr alt. Das war ein Problem. Besonders donnerstags. Denn dann mussten die Schwestern jeweils ein Blutbild von uns erstellen. Mit einer Nadel pikste man uns in die Fingerbeere, dann wurde das Blut abgesaugt und ins Labor geschickt. Weil Schwester Alices Hände zitterten, konnte sie nicht stechen, sie zog stattdessen mit der Nadel einen Schranz ins Fleisch. Sie riss einfach die ganze Fingerspitze auf. Es blutete grauenhaft, und der Schmerz war unerträglich. Wir versuchten mit allen Tricks, dem auszuweichen. Bei den meisten anderen war der Stich durchaus erträglich, bei manchen spürte man ihn zuweilen kaum. Aber einige Kinder trafen halt auf Schwester Alice. Und alle, denen jemals auf diese Art die Fingerbeere aufgerissen wurde, werden diese Donnerstage ihren Lebtag nicht vergessen.

Das Gegenteil von Schwester Alice war Schwester Ruth. Unendlich lieb, schlank, transparentes Gesicht, zart wie eine Elfe. Ihr Gang erinnerte an einen Engel. Sie ging nicht, sie schwebte. Manchmal schien sie mir wie von einem anderen Stern. Zwischen dem Mittagessen und dem Nachmittagsprogramm mussten wir uns jeweils drei Stunden ins Bett legen. Man nannte das Ausruhen – die Ligi. Ich wusste nie, weshalb und wovon ich mich ausruhen sollte. Einmal, ich war wohl etwa zehn Jahre alt, kam Schwester Ruth nach der Ligi in mein Zimmer. Ich war noch im Bett. Wortlos schwebte sie zum Lavabo und betrachtete sich selbstvergessen im Spiegel. Sie bestaunte ihr Gesicht, drehte es leicht zur Seite und wieder zurück, betupfte zart ihre linke Augenbraue und strich sich eine Haarsträhne aus dem Gesicht. Ich schaute sie mit offenem Mund an. Sie merkte es nicht. Verträumt stand sie da und hing ihren wohl sehr privaten Gedanken nach. Da fragte ich sie unvermittelt, ob sie mir ihr Geheimnis verrate. Ich wusste selbst nicht genau, was ich damit meinte. Aber sie verstand mich und sagte liebevoll, ohne ihren Blick von ihrem Spiegelbild abzuwenden, das Geheimnis sei, nur kaltes Wasser, keine Seife, keine Schminke, keine Hitze ans Gesicht zu lassen. Ich wusste genau, was sie meinte. Und später, als ich im Fernsehen moderierte und immer wieder geschminkt wurde, da hasste ich diese Momente und ging mich jeweils schnurstracks nach den Aufzeichnungen abschminken. Mit kaltem Wasser.

Zähne putzen

Jeden Abend vor dem Ins-Bett-Gehen mussten wir uns die Zähne putzen. Ich mochte das überhaupt nicht. Es war umständlich. Ich musste auf einen Stuhl klettern. Und dann mühsam eine Tube aufschrauben, was mit nur einer Hand nicht ganz einfach war. Also versuchte ich, mich möglichst davor zu drücken. Und je öfter es mir gelang, desto selbstverständlicher wurde es. Irgendwann kam die Zeit, da putzte ich die Zähne gar nicht mehr. Wochenlang, monatelang, in meiner Erinnerung sogar jahrelang. Wenn die Schwester fragte, ob ich die Zähne geputzt hätte, sagte ich einfach immer Ja. Ich wusste, damit war die Angelegenheit erledigt. Sie konnte sich nicht um alles kümmern.

Dann plötzlich war eine neue Schwester für mich verantwortlich. Als ich auf ihre entsprechende Frage ganz unbekümmert antwortete, ich hätte die Zähne bereits geputzt, da glaubte sie mir nicht. Wie immer, wenn das nötig war, beteuerte ich absolut überzeugend, doch, doch, meine Zähne seien geputzt. Aber bei dieser Schwester half das nicht. Sie kam zu mir und befahl, ich solle ihr ins Gesicht hauchen. Ich hauchte sie an. Ganz ohne schlechtes Gewissen. Sie aber lachte mich freundlich an und sagte: Oh nein, mein Lieber, diese Zähne sind nicht geputzt, das kannst du mir nicht weismachen. Komm, wir putzen sie jetzt zusammen. Sie nahm mich mit zum Lavabo, drückte Zahnpasta auf meine Bürste und stand neben mir, bis ich fertig war. Da sie merkte, dass ich überhaupt keine Übung darin hatte, gab sie mir gute Tipps, wie ich es optimieren könnte. Im Alter von fünf Jahren war sie die erste Person, die mir auch erklärte, warum Zähneputzen keine Schikane ist, sondern notwendig. Von da an putzte ich die Zähne jeden Abend, widerwillig zwar, aber immerhin.

Der jahrelange Verzicht auf das Zähneputzen hatte übrigens schmerzhafte Konsequenzen. Als ich als Siebenjähriger für ein Jahr in ein Kinderheim versetzt wurde, entdeckte die Heimleiterin bei meinem Eintritt den verheerenden Zustand meines Gebisses. Ich wurde für mehrere Sitzungen zum Zahnarzt geschickt, und der höhlte praktisch alle meine Stockzähne aus und füllte sie auf mit Amalgamplomben. Für die spitzbübische Freude, welche ich beim Übertölpeln der schwesterlichen Aufsicht jeden Abend verspürt hatte, büsste ich später bitter. Die jahrelange Vernachlässigung meiner Zahnhygiene jedenfalls hatte unangenehme Folgen für den Rest meines Lebens.

Frische Wäsche

Wieder einmal Samstag. Die Wochenenden waren extrem langweilig. Unter der Woche waren wir eingespannt in unsere Tagespläne: Schule, Physiotherapie, Schwimmen, Ergotherapie, Essen – und immer wieder die Ligi. Die drei Stunden in den Kleidern im Bett hatten wohl nur den Sinn, Personal einzusparen. Uns Kinder trieb das zur Verzweiflung. Es lehrte uns aber wohl, Langeweile auszuhalten.

Diese holte uns jeweils auch am Wochenende ein. Schlimmer noch als die Langeweile war jedoch, wenn die Schwester am Samstagnachmittag plötzlich sagte: Jetzt gehts in den Sandkasten. Das hasste ich. Ich hasste Schmutz, ich hasste Krümel. Der Sandkasten war für mich die reine Qual. Und trotzdem wurde ich ab und zu an einem Samstag, vor allem bei schönem Wetter, in einen Sandkasten gesetzt. Auf meine Frage, was ich da sollte, sagte die Schwester leicht genervt: spielen, sändelen. Sie setzte mich dann jeweils in den Rollstuhl, fuhr mich mit dem Lift ins Erdgeschoss und schob mich zum Sandkasten, welcher vor dem Spital neben einem Spazierweg lag. Sie hob mich aus dem Rollstuhl und setzte mich mitten in den Sand.

Manchmal waren schon andere Kinder da. Und manchmal war ich auch allein. Was mir lieber war. Denn ich spielte nicht. Ich sass nur da, möglichst unbeweglich. Meine Hände auf den Oberschenkeln platziert und extrem bemüht, so wenig Körper wie möglich mit Sand in Berührung kommen zu lassen. So konnte ich problemlos eine Stunde sitzen und einfach nur hoffen, die Schwester komme mich endlich erlösen.

Schlimmer, als alleine dazusitzen war, wenn andere Kinder schon im Sand spielten oder Schwestern vorbeigingen. Die vorbeiziehenden Schwestern versuchten immer, mich aufzumuntern. Ich soll nicht so ein trauriges Gesicht machen und doch etwas spielen. Eine Burg bauen oder eine Autostrasse. Aber dafür hätte ich den Sand mit den Händen berühren müssen, und das war unmöglich. Ich verabscheute Sand. Unangenehm waren auch andere Kinder. Sie warfen Sand um sich, kicherten und gaben mir zu verstehen, dass ich irgendwie daneben war. Und klar hatte ich dann bald Sand nicht nur unter den Kleidern, sondern überall. Sogar in den Haaren und im Gesicht. Und schlimmer noch: Einige Sandkörner fanden regelmässig den Weg unter die Orthese, die Prothese und das Korsett. Dort drückten sie ganz feine, fiese Risse in die Haut. Es war zum Verzweifeln. Es blieb mir nichts anderes übrig, als ein oder zwei Stunden beharrlich darauf zu warten, bis endlich die Schwester kam. Eine bittere Lektion, die mich lehrte, auch kaum Erträgliches einfach auszuhalten.

Immerhin gabs zur Belohnung anschliessend ein Bad. Wäsche und orthopädische Geräte weg – und ab in die Badewanne. Das Wasser war angenehm heiss und dunkelgrün gefärbt von Fichtennadelzusatz. So allein im Wasser, mit diesem köstlichen Duft, die Schwester irgendwo beschäftigt mit anderen Kindern – eine wunderschöne Erinnerung. Auch wenn die Haut ausgetrocknet und die Fingerbeeren verschrumpelt waren, wenn die Schwester dann kam, um mich abzutrocknen.

Einmal fragte ich die Schwester, warum ich eigentlich immer in den Sandhaufen müsse. Sie erklärte mir, das sei wichtig für meine Gesundheit. Mein Körper müsse sich hin und wieder mit Schmutz konfrontieren, damit er Abwehrkräfte entwickeln könne. Als hätte ich den Sand jeweils gefressen.

Schmutzig machen also am Samstag. Sauberkeit war am Sonntag angesagt. Dann gab es frisch gewaschene Wäsche. Der absolute Horror. Sie war steif wie Karton. Und rau wie Schmirgelpapier. Ich hasste den Sonntagmorgen, weil ich wusste, dass ich mich dann in diese frische Wäsche hineinzwängen musste. Alles war zu eng. Es schien mir, als müsste ich mich umständlich und qualvoll in eine Eisenrüstung hineinpressen. Die Unterhosen gingen noch einigermassen, die waren wenigstens aus elastischem Stoff. Die von Hand gestrickten Socken jedoch, die waren jedes Mal viel zu eng, viel zu klein und kratzten die ohnehin sehr sensible Haut auf unangenehmste Weise auf.

Und dann blieb es ja nicht bei den Kleidern. Über diese raue Wäsche musste ich den Gehapparat, die Prothese und das Korsett stülpen. Eine Erinnerung, welche noch heute mit unangenehmen Schmerzen verbunden ist. Aus heutiger Sicht muss ich annehmen, dass die Wäsche viel zu heiss gewaschen wurde, wodurch sie immer enger und immer kratziger wurde. Da wir sie eine ganze Woche tragen mussten, hat sie sich dann im Laufe der Zeit auf ein erträgliches Mass ausgeweitet und wurde weicher. So gegen Mitte Woche war sie sehr angenehm. Gegen Ende begann sie zu müffeln. Aber das störte weniger.

Seltsam war der Umstand, dass die Wäsche am Sonntagmorgen vor Frische praktisch stand, derweil Schiene, Prothese und Korsett über Monate, ja Jahre nie gereinigt wurden. Diese orthopädischen Hilfsmittel, die müffelten nicht, nein, sie stanken mit der Zeit bestialisch. Das wurde von den Schwestern und der Spitalleitung seltsamerweise stoisch in Kauf genommen. Schliesslich nützten diese Dinger ja. Oder man glaubte es zumindest. Und ich beklagte mich natürlich nicht. Ich wollte ja nicht vorzeitig wieder in frische Kratzwäsche.

Weil mich dieses sonntägliche Morgenritual Woche für Woche derart schreckte, wollte ich es möglichst schnell hinter mich bringen. Also fing ich an, mich nicht erst um sieben Uhr anzuziehen, wenn die Schwestern kamen, um uns aufzunehmen, sondern schon vorher. Kaum war ich wach, nahm ich die Wäsche also jeweils zu mir ins Bett und schob sie unter meinen Körper, um sie aufzuwärmen. Denn irgendwann merkte das kluge Köpfchen, dass vorgewärmte Wäsche etwas weicher war.

Der ganze Ankleidevorgang, ob mit frischer oder gebrauchter Wäsche, dauerte jeden Morgen mindestens eine halbe Stunde. Ich träumte denn auch damals jahrelang davon, es gebe einen Schalter an der Wand, den ich einfach drücken könnte, und dann wäre ich angezogen. Diese Sehnsucht habe ich übrigens noch heute ab und an. Obwohl das Anziehen schneller geht, ich kein Korsett mehr trage, die Wäsche täglich wechsle und sie immer angenehm weich ist.

Zu viel Druck

Der Mensch geht aufrecht, und er sitzt gerade. So lautete der Generalbass, welcher die Belegschaft und die Kinder des Kinderspitals Affoltern am Albis die ganze Zeit über begleitete. Ausgesprochen wurde er stets von der Chefärztin. Mit energischer Stimme. Die Folgen davon erlitten wir Kinder jedes Mal, wenn Teile unseres Körpers in metallene Passformen hineingezwängt wurden.

Wir waren umstellt von Gerätschaften. Am schlimmsten war das Korsett. Es hatte die Aufgabe, die Wirbelsäule und damit das Kind aufzurichten und zu strecken.

Besonders schmerzvoll war das, wenn die Korsetts neu waren. Das Material war dann ganz hart, und der Körper hatte sich noch nicht an die Passform gewöhnt. Vergleichbar ist das mit der Gewöhnung an einen neuen Wanderschuh. Nur reicht das Korsett vom Becken bis unters Kinn und ist aus festem Leder mit unverrückbaren Metallstäben und -platten.

Als ich einmal ein neues Korsett bekam, rebellierte mein Körper. Alles war neu, alles war hart, alles drückte und schmerzte. Es war unerträglich. Aber selbstverständlich wussten die Schwestern wie auch ich, dass ich diese Zeit ertragen musste, dass sich mein Körper ans Korsett anpassen musste. Das ging nur, indem ich es trug. Schmerzen hin oder her. Ist das Unerträgliche unvermeidbar, muss man es aushalten.

Es gab aber ein Problem mit dem neuen Korsett, welches nur der Orthopäde lösen konnte. Bis das gemacht war, konnte ich, wenn ich es trug, nicht auf die Toilette. Ich musste es also vor jedem Stuhlgang ausziehen. Völlig klar, dass ich mich jedes Mal darauf freute. So konnte ich mich aus dem ungeliebten Teil rausschälen und mich für einen kurzen Moment wieder frei fühlen.

Als ich an einem Vormittag – ich war wohl etwa sieben Jahre alt – zu meiner Schwester sagte, ich müsse aufs WC, antwortete sie, ich würde das nur sagen, damit ich das verhasste Korsett ausziehen könne. Sie glaubte mir nicht. Sie stellte mich auf die Terrasse, sagte, ich solle warten bis nach dem Mittagessen; dann, vor der Mittagsruhe, könne ich das Korsett ausziehen und auf die

Toilette. Die Situation wurde immer unerträglicher, denn ich musste tatsächlich. Der Druck war nicht vorgeschoben, er stieg und stieg, und in meinem Bauch begann es zu rumoren.

Starr, unbeweglich und hoch konzentriert stand ich also mit meinen beiden Krücken auf der Terrasse und klemmte meine Arschbacken zusammen, so fest es nur ging. Doch die Situation wurde schlimmer und schlimmer. Es kam der Moment, da nützte alles Klemmen nichts mehr. Die Hölle brach los. Und rann unter den Hosen meine Beine entlang über Schiene und Prothese bis hinunter in die Schuhe. Die Bescherung war schliesslich auch auf dem Boden zu sehen. Körperlich war es eine Wohltat, psychisch der reinste Schmerz. Ich war verzweifelt, ich schämte mich unendlich. Immer noch unbeweglich dastehend, begann ich zu weinen. Weil meine Arme die Stöcke halten mussten, konnte ich die Tränen nicht abwischen. Ein weinendes Stück Elend mitten auf einer grossen Terrasse mit prachtvoller Aussicht auf Wiesen, Felder, Wald und Himmel. Doch das alles sah ich nicht. Ich wusste nur, das war noch nicht das Ende.

Eine zufällig an der Terrassentür vorbeieilende Schwester sah mich, kam zu mir heraus und fragte, was denn sei. Vor lauter Weinen konnte ich nicht sprechen. Zudem gab es gar nichts zu sagen. Die Bescherung lag ja sichtbar auf dem Boden. Sie fragte, welche Schwester für mich zuständig sei, und verschwand. Kurze Zeit später erschien meine Schwester, packte mich unter den Armen und zerrte mich aufgebracht ins Badezimmer. Sie schloss die Tür und gab mir zwei Ohrfeigen. Es kam nicht mehr drauf an. Dann zog sie mich aus. Pullover, Hose, Schiene, Prothese und natürlich das Korsett. Alles war verschmiert, es stank fürchterlich. Sie nahm die schmutzige Ware mit und verliess das Badezimmer.

Nackt und verschmutzt lag ich auf dem Wickeltisch. Eine andere Schwester kam herein, brauchte wohl eine Windel, die dort gelagert wurden. Sie erschrak, als sie mich sah, fragte, was los sei und warum ich weinen würde. Ich erklärte ihr, ich hätte unbedingt aufs WC gemusst, doch es sei mir nicht erlaubt worden. Und dann sei es halt passiert. Und dann sei ich auch noch geschlagen worden. Ich fand es eine masslose Ungerechtigkeit, konnte nicht anders, als weiterzuschluchzen.

Die Schwester tröstete mich. Obwohl sie nicht für mich zuständig war, hob sie mich in die Badewanne, duschte mich und trocknete mich ab. So war ich endlich einmal von diesem Schmutz befreit. Langsam trockneten auch meine Tränen, und mein Körper hörte auf zu zittern. Es war schlimm, es war entwürdigend. Ich hatte in jenem Moment einmal mehr nur eine einzige Sehnsucht im Kopf: verschwinden, weg von hier. Ich habe auf dieser Welt nichts verloren.

Aber selbst in diesem schlimmsten Moment realisierte ich, wie schnell sich die allerdunkelsten Gefühle verflüchtigen, wenn jemand da ist, der einen berührt und einem Mut zuspricht. Und diese wunderbare Schwester hatte selbst in diesem Moment, in dem sie mich trösten musste, noch entschuldigende Worte für die Schwester, welche für dieses ganze Desaster verantwortlich war. Sie sagte mir, mit dem Daumen über meine Hand streichelnd, ich dürfe das keinesfalls persönlich nehmen, manchmal hätten eben auch sie als Schwestern sehr viel Druck auszuhalten, und das büssten dann manchmal die Falschen. Ich wusste nicht genau, was sie meinte, aber das Verständnis und die Liebe, welche sie mit ihren Worten und Gesten verströmte, weckten schon die ersten Funken der Versöhnung.

Das Kreuz auf der Stirn

Eine meiner schönsten und zugleich bizarrsten Erinnerungen verbindet mich mit Schwester Marianne. Allein ihr Berner Dialekt, er war so warm und einnehmend. Sie war auch sonst eine äusserst verständnisvolle und geduldige Person. Sie schimpfte nie, und wenn sie einen zurechtwies, dann auf liebevolle Art, sodass man das Beanstandete nur schon ihr zuliebe nie wieder tun wollte. Auch hatte sie eine Besonderheit, die ich nur mit ihr erlebte: Wenn wir Kinder im Bett waren, sang sie uns ein Lied vor. Dann verabschiedete sie sich von jedem einzelnen Kind und zeichnete ihm mit dem Daumen ein Kreuz auf die Stirn. Ich war süchtig danach. Im Spital gab es so gut wie nie Körperkontakt. Abgesehen von qualvollem, wenn man zum Beispiel in ein orthopädisches Gerät hineingepresst wurde. Und natürlich in der Physio. Aber das ist ein Kapitel für sich. Dieses Kreuz auf der Stirn also war ein kurzer, aber ungemein zärtlicher Körperkontakt. Ich freute mich jeden Tag darauf.

Eines Abends aber war irgendetwas anders. Als Schwester Marianne mir das Kreuz auf die Stirn zeichnete, da fragte ich sie unvermittelt, ob sie morgen wiederkomme. So etwas hatte ich noch nie gefragt, es war ja selbstverständlich. Doch zu meinem Entsetzen sagte sie nach kurzem Zögern, nein, sie komme nicht wieder, heute sei ihr letzter Tag gewesen. Ich fragte sie, warum. Sie antwortete, sie würde ab morgen nicht mehr in diesem Spital arbeiten. Ich spürte, wie meine Welt wankte. Natürlich bohrte ich weiter und fragte sofort, weshalb denn nicht. Sie sagte, sie werde heiraten. Das Wort kannte ich nicht. Ich fragte sie, was denn das bedeute. Sie erklärte mir, sie werde mit einem Mann zusammenleben. Ich war geschockt. Das Männerbild, welches wir im Kinderspital Affoltern mitbekamen, war schrecklich.

Der eine Mann war der Professor aus Zürich. Wenn er kam, mussten wir Kinder uns im Turnsaal nackt bis auf die Unterhosen ausziehen und uns vor ihm und den anwesenden Therapeutinnen auf eine Matte legen. Der Chefarzt verordnete dann: Gipsbett, operieren, Nachtschiene, Quengelgips und so weiter. Für uns Kinder war er der Folterer. Der andere Mann war der Gärtner. Tauchte er im Garten am Horizont auf, dann versteckten wir Kinder uns. Wir hatten Angst vor ihm.

Und jetzt sagte also meine Lieblingsschwester, sie werde uns verlassen und mit einem Mann zusammenleben. Die Welt brach endgültig ein. Völlig fassungslos fragte ich sie, ja, wie lange sie denn weg sein werde? Noch hoffte ich. Sie sagte: ein Leben lang. Ich versuchte, mir das vorzustellen. Es gelang mir natürlich nicht, und so fragte ich völlig erstaunt: ja, und immer mit dem gleichen Mann? Zum ersten Mal gab sie mir einen Kuss auf die Stirn. Sie lächelte mich etwas länger an als üblich und verliess das Zimmer. Ich weinte stundenlang. Schwester Marianne sah ich nie wieder.

Essen

Essen bereitet wahrscheinlich vielen Kindern nicht unbedingt Freude. Für mich im Kinderspital war sie ein grosses Problem, die auf Befehl verordnete Nahrungsaufnahme. Mit Freude hatte das rein gar nichts zu tun. Wegen des engen Korsetts, das Brustkorb und Bauch einschnürte, hatte man schon gar keine Lust, etwas in sich hineinzuwürgen. Zudem trug alles, was aufgetischt wurde, dazu bei, uns den allenfalls vorhandenen Appetit schlagartig zu vertreiben. Der Salat war welk, das Gemüse matschig, die Kartoffeln fad, die Teigwaren verklebt. Sogar die süssen Crèmes waren wegen ihrer Konsistenz, diesen undefinierbaren Knöllchen, ungeniessbar. Am unappetitlichsten aber war das Fleisch. Eine unförmige Masse, fettig, sehnig, faserig, durchzogen von ekligen Strängen. Man konnte noch so lange darauf herumkauen, irgendwann bildeten sich unverdauliche Klumpen im Mund. Ich behielt diese dann in den Wangen, bis es nicht mehr anders ging und ich sie unter Todesverachtung hinunterwürgen musste. In diesen Momenten träumte ich davon, gehen zu können und sie schnell und unauffällig in der Toilette zu entsorgen.

Leider war das nicht möglich. So wurde das Essen meistens zur Qual. Erschwerend kam hinzu: Wir mussten immer alles auf dem Teller aufessen. Das gehörte zur Erziehung. Wenn ich jeweils sagte, ich hätte genug und brächte keinen Bissen mehr herunter, dann kam von irgendeiner Schwester der Refrain: Ach was, du musst gross und stark werden. Einer der dümmsten Sätze, den ich kenne. Und ausgerechnet er wurde im Kinderspital mit Abstand am häufigsten gesagt. Zu uns Kindern, die zwar allesamt Launen der Natur waren, aber ganz bestimmt nie in ihrem Leben stark werden würden.

Der Zwang, aufzuessen, bekam zuweilen folterähnliche Dimensionen. Eines Abends glänzte das Fleisch höhnisch, die Sauce war mit einer unappetitlichen Haut überzogen. Nur schon der Anblick erzeugte Brechreiz. Ich ass den pampigen Haufen rund ums Fleisch, dann sagte ich, ich könne nicht mehr. Dummerweise war an diesem Abend eine Schwester für mich zuständig, die bekannt war für hartes Durchgreifen. Ich wusste, dass ich aufessen musste, konnte es aber beim besten Willen nicht. Auch das Wissen, dann gross und stark zu werden, nützte nichts. Die Schwester gab mir ultimativ zu verstehen, dass ich sofort und jetzt aufessen müsse. Weil ich wusste, dass Schläge drohten, steckte ich einen winzigen Bissen Fleisch in den Mund. Es war unmöglich, ihn herunterzuschlucken. Die Schwester kannte für solche Fälle einen Trick. Sie hielt mir die Nase zu. Es blieb mir nichts anderes übrig, als den Mund zu öffnen. Ich musste ja atmen. Und schon stopfte sie mir das Essen rein. Der Körper rebellierte, ich musste erbrechen. Und dies direkt auf die Hand der Schwester. Sie bekam einen Tobsuchtsanfall. Nicht nur erreichte sie ihr Erziehungsziel nicht, sie bekam durch die Sauerei noch zusätzliche Arbeit. Also verlor sie die Fassung und verpasste mir eine saftige Ohrfeige. Zusätzlich zog sie mir den Stuhl unter dem Gesäss weg. Ich fiel vornüber und knallte mit dem Kopf auf die Tischplatte. Meine rechte Augenbraue platzte auf.

Die anderen Kinder erstarrten. Es gab einen Aufruhr, die Ärztin musste gerufen werden. Ich sass noch immer blutend in meinem Erbrochenen, über mir einige Schwestern und die Ärztin, welche über mich verhandelten. Ich fühlte mich in jeder Hinsicht hundeelend. Es wurde beschlossen, dass die Schwester, welche mich geschlagen hatte, mit mir im Taxi ins Bezirksspital im Dorf hinunterfahren müsse, damit man meine geplatzte Wunde dort nähen konnte. Es blutete stark, ich hatte grosse Schmerzen.

Aber nicht nur das. Jetzt musste ich auch noch zusammen mit dieser verhassten Schwester in einem Auto in ein fremdes Spital fahren. Die Situation wurde immer schlimmer. Und immer schmerzhafter. Im Bezirksspital legte man mich auf eine Bahre, das Licht blendete furchtbar. Man nähte mir die Wunde mit Nadel und Faden direkt vor meinen Augen, bei vollem Bewusstsein. Und das alles nur, weil ich etwas hatte essen müssen, was ich nicht wollte und konnte.

Die Folgen dieses Essensregimes dauern bis heute an. Als ich später im Leben das Wort Vegetarier kennenlernte, sagte ich sofort und überall, ich sei Vegetarier. So konnte ich mich elegant vor diesen ekligen Klumpen in meinem Mund schützen. Bis ich merkte, dass es beim Fleisch sehr grosse Unterschiede gibt. Ich begann allmählich, mit Freude Fleisch zu essen, wenn auch wenig und nur exquisite Stücke, ohne Fett und Sehnen. Eine weitere Folge des Regimes: Noch heute esse ich nie auf. Auf jedem Teller bleibt ein winziger Rest zurück. Gleichsam ein Protest von früher. Aufessen geht nicht. Keines meiner vier Kinder wurde je gezwungen, einen Teller leer zu essen. Und im Gegensatz zu mir wurden sie tatsächlich alle gross und stark. Obwohl sie diesen schwachsinnigen Satz nie, nie hörten.

Natürlich war mir schon damals klar, dass Essen auch gut sein kann. Ich freute mich ja auch auf eine Glace oder ein Zuckerbrot, was es leider sehr selten gab. Ein besonders schöner Moment war, als die Schwester mir einmal sagte, heute bekäme ich zum Abendessen ein Spezialmenü. Ich war gespannt, konnte mir nichts darunter vorstellen. Kurze Zeit später tischte sie mir ein Tablett auf, darauf waren ein mit Butter bestrichenes Stück Brot und ein Dreiminutenei. Zwischen Eierbecher und Ei klemmte ein Zettel, darauf stand mein Name. Welche Exklusivität. Die anderen Kinder hatten ihr gewöhnliches Nachtessen. Ich hatte mein ganz persönliches Dreiminutenei. Die Schwester sagte mir, das Ei komme von der

Köchin persönlich. Dann erklärte sie mir, wie man es köpft und auslöffelt und dass man das Butterbrot ins flüssige Eigelb tunken und so den Genuss noch optimieren könne. Ich genoss wirklich jeden einzelnen Bissen. Dieses Prozedere wiederholte sich etwa alle sechs Monate. Warum, ist mir bis heute schleierhaft. Tatsache aber ist, dass ich das Dreiminutenei noch heute als eine Delikatesse empfinde. Es ist die einzige warme Mahlzeit, welche ich selbst zubereite.

Ebenso exklusiv, allerdings einmalig war das Zuckerbrot. Auf dem ersten Stockwerk gab es eine Terrasse. Um sie zu erreichen, musste man durch die kleine Küche, die es auf jedem Stock gab. Hier lagerten Teekrüge, und man wärmte wenn nötig Essen auf. Manchmal assen die Schwestern dort auch eine Kleinigkeit. Auf dem Weg zur Terrasse passierte ich also diese Küche. Eine Schwester stand am Tisch und strich sich ein Butterbrot. Sie fragte mich, ob ich ein Zuckerbrot wolle. Ich wusste nicht genau, was das war, aber allein das Angebot faszinierte mich. Freudig sagte ich Ja. Von einem grossen Brotlaib schnitt sie ein Stück ab, bestrich es mit einer dicken Schicht Butter und streute Zucker darüber. Die ganze Schnitte drückte sie mir in die Hand. Da meine Hand jetzt besetzt war, konnte ich nicht mehr selbst mit dem Rollstuhl zur Terrasse fahren. Also schob sie mich. Allein auf der Terrasse, biss ich genüsslich ins Brot. Es knirschte zwischen den Zähnen, und kurz darauf ergoss sich das pure Glück in meinen Mund. Ich genoss Bissen um Bissen. Einfach köstlich. Als ich fertig war, realisierte ich den Berg aus Krümeln und Zuckerkristallen auf meinen Knien. Notdürftig wischte ich alles weg. Das Zuckerbrot blieb unvergessen. Später fragte ich ab und an eine Schwester, ob sie mir ein Zuckerbrot streichen würde. Meine Bitte wurde immer abgelehnt. Als ich meine erste eigene Wohnung hatte, machte ich mir selbst einmal ein solches Zuckerbrot. Es war nicht mehr dasselbe und blieb das letzte. Die Erinnerung aber an die Delikatesse und die Schwester, welche es mir offeriert hatte, bleibt.

Es gab immer wieder Kinder mit Spezialmenü. Privatpatienten zum Beispiel hatten bessere Qualität auf dem Teller und bekamen jedes Mal ein Dessert. Aber auch Kinder mit Gewichts- oder Stoffwechselproblemen erhielten besondere Kost. In unserem Zimmer war während etwa zweier Jahre ein Junge mit sehr viel Übergewicht. Er konnte nicht einmal sitzen. Er ass im Liegen. Seine Teller sahen wunderbar aus, frische Salate, ausgewählte Gemüse und vor allem: kleine Portionen. Ein Traum von einem Teller. Er sah viel appetitlicher aus als unsere. Er aber liebte unsere fettigen Saucen und die grossen Fleischklumpen. Und geradezu süchtig war er nach Schokolade. Also kam es, wenn die Schwester nicht in unserem Zimmer war, regelmässig zu einer kleinen Aktion. Wir tauschten die Teller. Und wenn ich aus irgendeinem Grund von einer Schwester einmal eine Tafel Schokolade bekam, dann gab ich ihm ein kleines Stück davon. Als Dank für meine Erlösung. So waren wir beide glücklich. Später vernahm ich, dass der übergewichtige Junge mit vierzehn Jahren verstorben war. Damals brachte ich das traurige Ereignis in keiner Art und Weise mit unseren Tauschaktionen in Verbindung, heute plagt mich manchmal das schlechte Gewissen.

Zwei Erinnerungen, die für die Sensibilität in jener Zeit bezeichnend waren, haben ebenfalls mit Essen zu tun: Einmal sagte die Ergotherapeutin, wir würden heute nichts basteln, sondern backen. Wir könnten der Ärztin eine Freude bereiten und sie zu selbst gebackenem Kuchen einladen. Also begann dieses ganze Prozedere, welches ich nicht mochte: Ich musste mir die Hände schmutzig machen. Ich musste einen Teig kneten, ihn mit Mehl bestreuen, weiterkneten und streuen und so weiter und so fort. Jedenfalls wurde dieser Teig dann in den Ofen geschoben, und es kam tatsächlich ein hübscher, brauner Schokoladenkuchen heraus. Wir brachten ihn auf unser Zimmer, gaben jedem Kind ein schönes Stück davon und riefen die Ärztin. Im letzten Moment sagte die Ergotherapeutin, es fehle noch der Tee, den könnten wir doch aus der Küche holen. Also holte sie den Tee, den auch wir Kinder tagtäglich bekamen. Die Ärztin betrat hocherfreut unser Zimmer, glücklich, dass wir ihr etwas gebacken hatten. Sie schob im Stehen einen Bissen Kuchen in den Mund, nahm zwei weitere, legte den Rest auf den Teller zurück, trank noch schnell eine Tasse Tee, drehte sich zur Tür und sagte im Gehen: Vielen Dank, der Tee war besonders gut. Und schon war sie wieder weg. Heute finde ich diese Erinnerung ziemlich lustig, damals war ich enttäuscht.

Das trifft auch auf das zweite Erlebnis zu: Eine Schwester erwischte mich dabei, wie ich beim Kirschenessen die Steine nicht ausspuckte. Ich hatte kein Gefäss dafür zur Hand und schluckte sie einfach runter. Die Schwester war empört und sagte mir, ich dürfe das keinesfalls machen, sonst würden mir Kirschbäume aus dem Rachen heraus wachsen. Leider sagte sie das in einem sehr ernsten Ton, ohne Schmunzeln oder Augenzwinkern. Ich glaubte ihr, zählte in Gedanken die Steine, welche ich gerade runtergeschluckt hatte – und stellte mir vor, wie mir in den nächsten Wochen mindestens sieben Kirschbäume aus dem Hals heraus wachsen würden. Genau wie beim Erlebnis mit dem Kuchenbacken kann ich heute schmunzeln, wenn ich daran denke. Damals bereitete mir die Vorstellung schlaflose Nächte.

Mein erster Film

Ganz in der Nähe, nur etwa fünfzig Meter vom Kinderspital entfernt, gab es ein zweites schlossartiges Gebäude, ein Altersheim der Stadt Zürich. Weil eine sehr schöne Gartenanlage mit einem Fischteich dazu gehörte, gingen wir Kinder ab und zu dort spazieren. Es gab verwunschene Ecken, und in einem der vielen Verstecke habe ich Jahre später meine erste Zigarette geraucht. Hier geht es aber um ein anderes Erlebnis. Ich war etwa neun Jahre alt, da sah ich meinen ersten Film. Und das kam so: Zufällig hörte ich eines Tages, wie zwei Schwestern sich darüber unterhielten, dass heute Abend im Altersheim ein Film gezeigt werde. Ich wusste nicht genau, was das war. Aber irgendwie war ich fasziniert. Ich fragte eine der Schwestern, über was sie da soeben gesprochen hätten. Sie wiederholte, im Altersheim nebenan würde heute Abend der Film «Heidi» gezeigt. Sie erklärte mir, was ein Film ist: In einem Saal werde eine grosse Leinwand aufgespannt, und auf dieser spiele sich dann eine Geschichte ab. Meine Neugierde explodierte förmlich. Ich konnte an nichts anderes mehr denken.

Also nahm ich allen meinen Mut zusammen und fragte die für mich zuständige Schwester, ob ich ins Altersheim dürfe, um mir den Film anzuschauen. Die Schwester war natürlich entsetzt und sagte, das komme überhaupt nicht infrage. Damit konnte und wollte ich mich nicht abfinden. Ich überlegte und überlegte. Schliesslich sagte ich mir: Es gibt doch eine Oberschwester. Niemand wusste, was sie den lieben langen Tag in ihrem Büro tat, aber wenn sie schon so hiess, dann musste sie ja wohl etwas zu sagen haben, dachte ich mir.

Ich hatte nichts zu verlieren und kroch ins Erdgeschoss vor das Büro der Oberschwester, Schwester Lineli, und klopfte. Eigentlich hatte ich es mit ihr immer sehr gut gehabt. Manchmal schenkte sie mir ein kleines Fläschchen mit Pipette und Himbeersirup darin. Daran nuckelte ich dann etwa eine Woche lang. Heute aber wollte ich keinen Sirup, ich wollte zum Film. Ich fragte Schwester Lineli also ganz direkt, ob ich mir heute Abend im Altersheim nebenan den Film anschauen dürfe. Sie fragte, was denn da gezeigt werde. Ich sagte «Heidi», ohne zu wissen, wer oder was das war. Sie schien den Film zu kennen, meinte aber, das werde viel zu spät und ich müsse doch um halb sieben ins Bett. Zudem würden dann alle Kinder mitgehen wollen. Ich sagte ihr, ich würde es ganz bestimmt niemandem sagen und ganz heimlich das Spital verlassen. Sie meinte, sie verstehe mich zwar sehr gut, könne das aber nicht verantworten.

Ich begann zu weinen. Sie tröstete mich, aber die Tränen flossen weiter. Ich verliess ihr Büro. Doch ich ging nicht zurück auf mein Zimmer, ich weinte einfach vor ihrer Tür weiter. Als sie eine Weile später das Büro verliess, flossen die Tränen noch immer. Das machte offenbar Eindruck. Schwester Lineli fragte, ob ich immer noch wegen des Films weinen würde. Ich nickte. Sie blickte mich mit einem strengen Gesichtsausdruck an und sagte: Alex, du hast mich erweicht, ich erlaube es dir. Du erzählst aber niemandem etwas. Und glaube ja nicht, es sei wegen der Tränen. Ich kroch sofort hoch auf mein Zimmer, sagte meiner Schwester, ich hätte von Schwester Lineli die Erlaubnis, mir den Film anschauen zu gehen, sie dürfe es aber niemandem sagen. Natürlich glaubte sie mir nicht, rief aber die Oberschwester an, kam zurück und sagte, es sei in Ordnung.

Als die anderen Kinder ins Bett mussten, setzte ich mich in den zum Glück frei im Gang herumstehenden Rollstuhl und fuhr ins Altersheim. Es war enorm anstrengend. Ich hatte bis anhin noch nie allein eine so lange Strecke zurückgelegt. Im Altersheim war alles neu für mich, bisher kannte ich ja nur die Gartenanlage. Ich rollte einfach rein, und wie ich dort etwas zögerlich herumsass, da fragte mich jemand, was ich denn suche. Ich sagte, ich möchte zum Film. Sofort wurde mir der Weg zum Saal gezeigt. Hier waren mehrere Stuhlreihen und viele alte Menschen, die sich langsam einen Platz suchten. Ich war sehr nervös, rollte neben eine Stuhlreihe, nickte allen freundlich zu und war gespannt, was jetzt passieren würde. Natürlich wurde ich neugierig gemustert. Ich war der Einzige, den niemand kannte.

Eine Frau sprach ein paar Begrüssungsworte. Dann wurde es dunkel. Der Film begann. «Heidi» nach Johanna Spyri mit Heinrich Gretler. Ich versank in einer mir völlig unbekannten Welt. Es war ein unheimlich starkes, einmaliges und tiefes Erlebnis. Ich zitterte, ich schwitzte, ich krallte mich an meinen Rollstuhl, atmete unregelmässig, mein Körper kam mit all diesen Emotionen kaum zurecht. Als der Film fertig war, rollte ich zurück ins Kinderspital. Ich war allein draussen unterwegs, im Dunkeln, es war das erste Mal. Aber mein Kopf war derart mit neuen Eindrücken gefüllt, dass es mir überhaupt nichts ausmachte.

Als ich beim Spital ankam, war die Tür verschlossen. Auch das hatte ich noch nie erlebt. Ich wusste nicht, was man in einem solchen Fall tat. Von einem Klingelknopf hatte ich noch nie gehört. Also klopfte ich an die Tür. Ich klopfte und rief so lange, bis die Nachtschwester zufällig in der Nähe vorbeikam und mich hörte. Sie war ziemlich erstaunt: Noch nie war ein Kind mitten in der Nacht allein zurückgekommen ins Spital. Ich erzählte ihr, ich sei im Altersheim gewesen und hätte einen Film gesehen. Sie wunderte sich, denn offensichtlich hatte sie niemand darüber informiert. Aber sie war natürlich erleichtert, dass ich jetzt wieder zu Hause war.

Zudem sah sie mir an, dass ich etwas ganz Besonderes erlebt hatte. Jedenfalls schickte sie mich nicht sofort ins Bett, sondern fragte mich, was ich denn gesehen hätte und wie der Film gewesen sei. Ich konnte alle meine aufgestauten Emotionen und Gedanken ungefiltert auf die Nachtwache loslassen. Es sprudelte nur so aus mir heraus. Ich hatte nicht gewusst, dass ich so viel in einem Schwall und ohne Pause erzählen konnte. Irgendwann legte mir die Schwester den Arm auf die Schulter und sagte, jetzt sei es aber höchste Zeit fürs Bett. Leise und ohne jemanden in meinem Zimmer zu wecken, kleidete ich mich aus, schlüpfte unter die Decke – und schlief noch lange nicht ein.

Herz im Korsett

Wir Kinder im Spital in Affoltern waren infolge der Kinderlähmung alle auf irgendeine Art verkrümmt. Sei es an den Gliedmassen oder an der Wirbelsäule. Deshalb krochen, rollten oder gingen wir alle asymmetrisch durch die Gegend. Medizin und Orthopädie jedoch hatten damals nur ein Ziel: den aufrechten Gang. Und so hörten wir stets: Der Mensch unterscheidet sich vom Tier dadurch, dass er aufrecht und gerade geht. Infolgedessen wurde alles diesem Ziel untergeordnet. Wenn Gehen absolut nicht möglich war, dann wenigstens das aufrechte Sitzen oder das aufrechte Stehen an Ort.

Zu diesem Zweck wurden wir in orthopädische Geräte gepresst. Davon gab es viele: Orthesen, Prothesen und alle Arten von Bandagen. Und des Nachts steckte man uns in Nachtschienen und Gipsbetten. Das sind Schalen aus Gips, in welche wir unsere Körper legten. Oder genauer gesagt: hineinpressen mussten. Damit die

Wirbelsäulen sich auch im Schlaf gerade bogen. Aber an Schlaf war so natürlich kaum zu denken. Manchmal drehte ich mich deshalb in der Nacht aus dem Gipsbett heraus. Weil es einfach zu unbequem war. Das geschah nicht immer absichtlich, ich tat es auch im Schlaf. Es wurde deshalb beschlossen, mich im Gipsbett mit Bändern anzubinden. Das war für mich kein Problem, die Knoten dieser Bänder liessen sich gut lösen. Nun drehte ich mich also immer absichtlich raus. Die Nachtwache erzählte das meiner Tagesschwester. Diese sprach mit mir. Es nützte nichts, und so wurde der Vorfall der Ärztin rapportiert. Sie machte kurzen Prozess: Meine Hände wurden am Bett festgebunden. Weil ich rechts keine Hand habe, konnte ich sofort aus der Befestigung rausschlüpfen. Aber das nützte nichts, ohne Finger lässt sich ein Knoten nicht öffnen. Als es mich in den folgenden Nächten immer mehr schmerzte und juckte, da riss ich mit der festgebundenen Hand derart stark am Stoffband, dass eine Naht riss. Meine Hand war frei, ich konnte mich wieder aus dem Gipsbett bewegen. Daraufhin wurde der Gurt ausgewechselt. Er war jetzt nicht mehr aus Stoff, sondern aus Leder. Unmöglich, mich loszureissen. Die Schmerzen mussten ab sofort ausgehalten werden. Und auch das Jucken. Es war ähnlich schlimm. Der Juckreiz liess sich immerhin, so merkte ich nach nächtelangem Training, mit Konzentration auslöschen.

Schlimmer noch als die Gipsbetten waren die Korsetts. Damit wurde die Wirbelsäule tagsüber geradegebogen. Die Krümmung der Wirbelsäule war natürlich die Folge fehlender Bauch- und Rückenmuskulatur. Dadurch kam es zu völlig falschen Belastungen. Das sollte behoben werden, indem man den Rumpf stützte und begradigte und aufrichtete. Mit Hilfsmitteln, die aussahen wie rüstungsähnliche Folterinstrumente. Sie bestanden zur Hauptsache aus Metallstäben, hartem Leder und selbstverständlich auch aus Polsterungen, wo immer möglich. Doch Polster nützen wenig, wenn der Druck immens ist.

Das Korsett stützte sich auf den Beckenknochen ab, schmiegte sich dem Körper entlang hinauf bis unter die Achseln, und dort, unter den Achseln, waren weitere entscheidende Stützen angebracht. Konnte jemand den Kopf nicht oder nur schlecht selbst halten, befanden sich zwei zusätzliche Stützen unter dem Kinn und am Hinterkopf. So wurde der Rumpf regelrecht auseinandergerissen. Das war immer verbunden mit unsäglichen Schmerzen. Die Orthopäden konnten zwar ihre kunstvollen Polsterungen anbringen, die Druckstellen aber rieben Haut und Knochen in kürzester Zeit wund. In den wenigen Nachtstunden konnten sich diese Wunden nicht erholen, und am nächsten Morgen wurde der Druck bereits wieder aufmontiert. Einzelne Kinder hatten deshalb fürchterliche Abszesse und eitrige Löcher. Ich blieb davon zum Glück verschont.

Jeweils in den Sommerferien wurde das Korsett ersetzt durch einen Gips. Der ganze Rumpf wurde dann eingegipst, rund um Rücken, Bauch und Brust, vom Becken bis unter die Schultern, für bis zu drei Wochen, Tag und Nacht.

Gips und Korsett also waren immer eine fürchterliche Qual. Auch wenn es einen unter dem Panzer juckte, war es kaum möglich, sich an der entsprechenden Stelle zu kratzen. Jucken war ein häufiges Problem, da man unter Gips und Korsett meist stark schwitzte. Und durch die Feuchtigkeit, die nur langsam trocknete, begann die Haut zu leiden. Ich hatte oft die Vorstellung, mein Rumpf sei eine einzige Landkarte des Schmerzes.

Kein Wunder, war für mich klar, dass ich dieses Korsett am ersten Tag meiner Volljährigkeit weit fortschmeissen würde. Ich war bereit, alle Konsequenzen daraus in Kauf zu nehmen. Schon als kleines Kind sagte ich das meiner Schwester und auch der leitenden Ärztin. Die Schwester nahm es relativ locker, sie sagte, das sei das Schöne an der Volljährigkeit, dann sei man frei, zu tun, was man wolle. Aber man trage natürlich auch die Verantwortung dafür. Und darum müsse man sich schon sehr gut überlegen, was man tue.

Ganz anders die Oberärztin. Sie sagte klipp und klar: Alex, das darfst du nicht. Ein Mensch muss gerade gehen, sonst verliert man jeden Respekt vor ihm. Dazu brauchst du dieses Korsett. Stell dir vor, du würdest so in der Landschaft stehen. Dazu machte sie eine lachhaft krumme Bewegung und setzte einen Gesichtsausdruck auf, als hätte sie eine schwere Gesichtslähmung. Das sollte abschreckend wirken. Zudem drohte sie, dass ich, wenn ich das Korsett weglegen würde, kurze Zeit später im Bett landen würde. Für den Rest meines Lebens.

Für mich aber war klar: Mit meiner Volljährigkeit fliegt das Ding weg. Weil meine Oberärztin von meiner Kritik am Korsett wusste, liess sie keine Gelegenheit aus und stupste mich bei jeder Begegnung mit der Hand an. Sie wollte testen, ob ich das Korsett unter dem Hemd oder dem Pullover auch tatsächlich trug. Natürlich trug ich es immer, solange ich im Spital war. Dafür sorgte die Schwester.

Als ich nach meiner Entlassung jeweils am Wochenende oder in den Schulferien ins Spital zurückkehrte, kam mit der Begrüssung auch immer gleich die Frage, ob ich das Korsett noch tragen würde. Und weil sie meinen Worten nicht traute, griff die Ärztin mir an den Bauch. Sie war getrieben von der Angst, eines ihrer Kinder trage das Korsett nicht.

Am Tag meines zwanzigsten Geburtstags schmiss ich das Korsett weg. Es war mein schönstes Geburtstagsgeschenk aller Zeiten. Von mir an mich.

In den ersten Tagen danach war es schlimm. Ich hatte Schmerzen im Rücken, im Brustkorb und im Bauch. Mein Rumpf war es nicht gewohnt, dass die Stütze fehlte. Er hatte sich jahrelang zwar schmerzhaft, aber bequem darin ausruhen können. Die kleine verbliebene Restmuskulatur war im Laufe meiner Kindheit verkümmert. Jetzt war sie plötzlich wieder gefordert. Trotz dieser schwierigen ersten Zeit stand es für mich ausser Frage, mich je wieder in ein Stahlkorsett zu zwängen.

Als mich die Ärztin bei einem meiner späteren Besuche im Spital sah und sie beim Zugriff auf meinen Bauch bemerkte, dass ich das Korsett nicht trug, da sagte sie unumwunden: Alex, in zwei Jahren kannst du nicht mehr gehen. Dein Rücken wird die Strapazen des aufrechten Gangs allein nicht tragen können. Das hältst du nicht aus. Ich antwortete, das nähme ich in Kauf. Lieber zwei Jahre frei atmen können und mich endlich frei fühlen, als ein Leben lang in diesem Panzer eingesperrt sein.

Zudem nahmen meine Beschwerden von Woche zu Woche ab. Meine Lungen bekamen plötzlich Platz zum Atmen, und mein Herz fand endlich seinen Rhythmus. Ganz allmählich begann ich mich in meinem Oberkörper wohlzufühlen. Dass ich tatsächlich ohne Korsett verkrümmter an meinen Stöcken durch die Gegend ging, spürte ich im Normalfall nicht. Beobachtete ich aber meinen

Bewegungsablauf beispielsweise in einem unverspiegelten Schaufenster, dann zuckte ich zusammen. Ein in der Tat problematischer Anblick. Mir kamen wieder die Faxen der Oberärztin in den Sinn. Mein Selbstwertgefühl sackte dann sofort ins Unterirdische. Ich konnte noch so fröhlich umhergehen, kaum sah ich mich in einem Schaufenster oder in einem Spiegel, bekam ich sogleich Minderwertigkeitsgefühle. Aber all das konnte nichts daran ändern: Das Korsett blieb tabu.

Der Handgriff und die Drohungen blieben noch über Jahre dieselben. Wenn ich das Spital besuchte und die Ärztin entdeckte, dass ich das Korsett nicht trug, sagte sie: Mit 24 kannst du nicht mehr gehen. Ein Jahr später: Mit 26 kannst du nicht mehr gehen. Und so weiter.

Ich fand mich mit zwanzig damit ab, höchstens zwei Jahre ohne Korsett leben zu können und ab dann immer in einem Bett liegen zu müssen. Es war mir egal. Das Gefühl der Freiheit war dermassen beglückend, dass ich alle Folgen einfach verdrängte. Erst nach weit über zehn Jahren liess die Ärztin die Kommentare sein. Heute ist mein Rücken noch immer sehr schwach, aber besser imstand als je. Weil er nicht mehr eingezwängt ist in Metall und hartes Leder, kann er sich viel freier entfalten. Auch hat die Medizin längst herausgefunden, dass ständiges Bewegen viel gesünder ist für die Wirbelsäule als ewige Starre. Obwohl ich seit zwanzig Jahren zeitweise und seit drei Jahren ausschliesslich im Rollstuhl sitze, ist mein Rücken immer in Bewegung und bereitet mir bis heute kaum Schmerzen. Im Nachhinein kann ich wirklich von Glück reden, habe ich die ewigen Drohungen nicht ernst genommen. Ich war damals nicht nur an meinem Geburtstag sehr glücklich, was den Rücken anbelangt, ich bin es über all die Jahre bis heute geblieben.

Langeweile

Sie kam schleichend und regelmässig. Und sie blieb. Am Morgen und am Nachmittag waren unsere Tage ausgefüllt. Schule, Schwimmen, Therapien. Und immer wieder gehen lernen und gerade sitzen. All das füllte viele Stunden. Doch drei Stunden pro Tag langweilten wir uns. Um elf Uhr gab es Mittagessen, um halb zwölf mussten wir in die Ligi. Im Bett warteten wir, bis es halb drei Uhr war. Von halb zwölf bis halb drei waren die Schwestern in der Mittagsstunde. Und wir Kinder wurden ruhiggestellt. Für mich waren diese drei Stunden der reine Albtraum. Ich langweilte mich zu Tode. Die ersten Jahre konnte ich weder lesen, noch hatte ich ein Radio. Ich musste die drei Stunden einfach irgendwie überdauern. Meistens tat ich das, indem ich herumfantasierte. Beispielsweise baute ich Zapfhähne in die Wand. Aus dem einen sprudelte Süssmost, aus dem anderen Coca-Cola. Das waren die einzigen Süssgetränke, die ich kannte. Auch wenn es sie praktisch nie gab.

Später, als ich älter wurde, begann ich während dieser drei Stunden auf kariertem Papier Grundrisse meines Zimmers zu zeichnen. Fast jeden Mittag stellte ich in Gedanken mein Zimmer um. Die Betten mal hier, die Schränke mal dort, alles wieder zurück und das Ganze wieder von vorne. Der absolute Leerlauf.

Natürlich war ich nie allein in einem Zimmer, wir waren immer zu zweit, zu dritt oder zu viert. Seltsamerweise konnten wir, wenn auch verteilt auf unsere Betten, diese Mittagszeit nicht dazu nutzen, irgendwelche Gespräche zu führen oder zu spielen. Wir waren ja Tag und Nacht zusammen, immer machten wir irgendetwas zusammen, auch wenn wir nur herumhockten. Aber diese Situation, jeder in seinem Bett, das erstickte jede Interaktion im Keim. Jedenfalls litt jedes Kind alleine vor sich hin und langweilte sich.

Eine grosse Freude war, als ich im Alter von sieben Jahren ein kleines Transistorradio geschenkt bekam. Ein Gerät namens Hitachi in einer hellbraunen Lederhülle. Ich dachte, nun sei die Mittagszeit gerettet. Doch das war nur für kurze Zeit der Fall. Schnell merkte ich: Ich bekomme nur einen einzigen Sender, Radio Beromünster. Und das zu der Zeit, als das Schweizer Radio noch ein eigenes Orchester hatte, mit Hans Moeckel und Cédric Dumont als Komponisten und Dirigenten. Sie spielten ausschliesslich von ihnen selbst adaptierte Cover-Versionen bekannter Hits. Es klang alles gleich. So konnten sie die Tantiemen einstreichen. Im Radio wurde also entweder diese unsäglich eintönige Musik rauf- und runtergedudelt, oder es wurde über Dinge gesprochen, die ich nicht verstand. Immerhin einen regelmässigen Höhepunkt brachte mir das kleine Radio aber: An einem Mittwochabend hörte ich zufällig ein Kriminalhörspiel: «Gestatten, mein Name ist Cox» hiess es. Von da an fieberte ich dem Mittwochabend entgegen. Dann verzog ich mich mit meinem Radio unter die Decke und genoss das Gruseln. Ich war froh, nicht allein im Zimmer zu sein. Auch wenn die anderen längst schliefen. Das Hörspiel war meine erste Sucht. Das Lesen kam dann später. Und es entschärfte die Situation mit der Langeweile massiv.

Auch an den Wochenenden. Am Samstagmorgen hatten wir Ergotherapie. Von Samstagmittag bis Sonntagabend aber gab es kein Programm. Einige wenige Kinder bekamen Besuch, die waren beschäftigt. Ich beneidete sie nicht. Ihnen war auch langweilig, wahrscheinlich sogar noch mehr. Denn sie konnten nicht einmal mit uns zusammen sein. Sie mussten mit ihren meist entfremdeten Eltern im Garten sitzen, in die Luft starren und warten, bis es fünf war und die Eltern wieder gingen.

Es war tatsächlich so, dass sich nicht alle Eltern vom Besuch ihrer Kinder abhalten liessen. Vor allem Eltern aus der Oberschicht konnten der Ärztin durchaus widersprechen und einen wöchentlichen Besuch am Sonntagnachmittag durchsetzen. Dass es sich um besser situierte Eltern handeln musste, realisierten wir erst später. Als uns bewusst wurde, was es heisst, wenn man in Küsnacht, in Meilen, am Zürichberg oder in Zug wohnt. Und als wir merkten, dass die Autos dieser Eltern keine VWs und Opels waren, sondern Chevrolets, Oldsmobiles, Mercedes oder Jaguars.

Wir anderen Kinder, welche keinen Besuch erhielten, setzten uns mit oder ohne Rollstuhl am Sonntagnachmittag meistens auf den Parkplatz vor dem Spital und zählten die unten an der Hauptstrasse vorbeifahrenden Autos. Mit der Zeit konnten wir einige Marken unterscheiden, und dann begannen wir zu wetten, beispielsweise Opel gegen VW. Die Nobelmarken, welche zu uns ins Spital abzweigten, konnten bei diesen Wettbewerben nicht mithalten. Davon gab es zu wenige.

Manchmal gingen die grösseren Kinder auch in den Keller, dorthin, wo das grosse Bad stand. Irgendwoher trieben sie einen Plattenspieler auf und hörten Musik. Dabei stritten sie, was denn nun aufgelegt werden sollte, ob die Beatles oder die Rolling Stones. Mir gefiel beides nicht. Ich hörte lieber deutsche Schlager, am liebsten von Gitte und Rex Gildo. Sie gaben mir eine erste Ahnung davon, was zwischen Buben und Mädchen so alles möglich sein könnte. Aber solche Platten hatte niemand. Also blieb ich meistens auf dem Parkplatz.

Einmal während der Ligi, dieser überlangen Ruhezeit zwischen Mittagessen und Nachmittagsprogramm, kam Fräulein Ursula vorbei, eine ältere Frau, die im Kinderspital putzte. Eigentlich hätte sie zu dieser Zeit auch in der Mittagsstunde sein müssen, aber sie vermisste einen Putzlappen, und den suchte sie jetzt in jedem Zimmer. Als sie in unser Zimmer trat, fragte sie, warum ich so mürrisch gucke. Ich sagte ihr, mir sei unendlich langweilig. Daraufhin meinte sie in näselndem Ton: Pass auf, Alex, später wirst du an diesen Moment und meine Worte zurückdenken. Es wird die Zeit kommen in deinem Leben, da wirst du so viel um die Ohren haben, dass du dich nach nichts anderem sehnen wirst als nach Langeweile. Ich dachte, die spinnt. Bis heute aber erinnere ich mich immer wieder an Fräulein Ursulas Worte und schmunzle und staune, wie recht sie doch hatte.

Samichlaus

Die Samichlaus-Feier war alljährlich ein grosses Ereignis. Schon Tage vorher waren wir Kinder nervös, voller Vorfreude. Und hatten wohl auch ein wenig Angst. Alle Kinder ausser den ganz kleinen versammelten sich jeweils im Turnsaal im Parterre. Bestimmt vierzig waren es, und fast ebenso viel Personal. Durch riesige Fenster hatte man von hier aus freie Sicht in den angrenzenden Wald. Draussen war es trotz ziemlich viel Schnee schon fast dunkel. Im Saal herrschte eine festliche, angespannte Stille. In einer Ecke stand eine raumhohe, mit brennenden Kerzen geschmückte Tanne. Die Schwestern trugen ihr Sonntagsgewand, dunkle Blusen, weisse Schürzen und selbstverständlich gesteifte Häubchen.

Immer wieder beruhigten sie das aufkeimende Geschnatter der Kinder. Wir mussten still sein und durch die grossen Fenster Ausschau halten nach dem Samichlaus. Und plötzlich ein Gemurmel. Hört ihr auch etwas? Und tatsächlich, ein helles Glöckchen erklang durch die Nacht. Wir schauten noch angespannter hinaus. Jetzt leuchtete aus dem verschneiten Wald ein kleines Licht. Eine Kerze in einer schwankenden Glaslaterne kam langsam näher. Immer deutlicher wurde ersichtlich: Es war der Samichlaus mit seinem Eseli.

Die Spannung wurde fast unerträglich. Solche Ereignisse waren wir uns nicht gewohnt. Entsprechend intensiv, mit Haut und Haar, waren wir mit dabei. Wir sahen, wie der Samichlaus das Eseli draussen vor dem Fenster an einem Baum festband. Mit der Laterne, einer Fitze und einem grossen Sack näherte er sich, klopfte seine Stiefel ab und trat herein in den Turnsaal. Wir Kinder und Schwestern sassen und standen in einem grossen Halbkreis, vorne in der Mitte war ein Platz ausgespart, dort setzte sich der Samichlaus auf einen Stuhl.

Die Lehrerinnen stimmten Weihnachtslieder an, wir Kinder stimmten mit ein, wir hatten schliesslich geübt. Und dann begann das Prozedere. Ein Kind nach dem anderen musste nach vorne zum Samichlaus. Alle hatten wir ein Versli auswendig gelernt, sagten es schön brav auf und hofften auf ein kleines Geschenk. Ein Jutesäcklein, gefüllt mit Nüssen, Mandarinen und Süssigkeiten.

Natürlich hörten wir alle gespannt zu, was der Samichlaus zu jedem Kind sagte. Er lobte oder tadelte, meistens mit wohlwollendem Unterton. So ging das, Kind um Kind, und zu jedem wusste er dank einem grossen, dicken, in Leder gebundenen Buch etwas zu sagen.

Als ich an der Reihe war, kroch ich erwartungsfroh nach vorn. Wer nicht gehen konnte, musste kriechen. Rollstühle gab es nur ganz wenige. Das Gedicht war kein Problem, ich sagte es schön brav auf und hoffte auf mein Säckli. Stattdessen sagte der Samichlaus in ungewohnt drohendem Ton, ich hätte nicht immer gehorcht, sei frech zu den Schwestern gewesen und er müsse mich zur Strafe jetzt im Sack in den Wald mitnehmen. Das kam aus heiterem Himmel. Damit hatte ich nicht gerechnet. Ich hatte auf ein Geschenk gehofft – stattdessen steckte ich jetzt ohne Übergang schon halb in der Hölle. Ich erschrak kolossal, war entsetzt.

Der Samichlaus sagte, ich solle zur Seite rutschen und dort warten, bis alle anderen Kinder an der Reihe gewesen seien. Am Schluss würde er mich dann in den Sack stecken und mitnehmen. Es war einfach nur grauenhaft. Ich hatte unendliche Angst. Mein Herz raste.

Die Kinder, die nach mir folgten, ihr Gedicht aufsagten und ihr Geschenk erhielten, realisierte ich nicht mehr. Ich hatte einfach nur Angst, was da auf mich zukommen würde. Ich verlor jeden Zeitbegriff, fühlte mich, im Zentrum des Geschehens, unendlich einsam. Nach einer Weile suchte ich in meiner Not Augenkontakt zu vertrauten Schwestern, doch die hohe Raumtemperatur, das fahle Kerzenlicht und meine ständig wachsende Nervosität verunmöglichten jede Kontaktaufnahme. Nirgends fand ich tröstenden Rückhalt. Es war einfach nur schlimm. Und dauerte gefühlt Stunden.

Als das letzte Kind sein Geschenk in Empfang genommen hatte und zurück an seinen Platz gekrochen war, wandte sich der Samichlaus wieder mir zu. Ich weiss nicht, ob er meinen Zustand wahrnahm. Ich war überzeugt, dass mein Leben jetzt zu Ende ging. Nicht einmal mehr verabschieden würde ich mich können.

Doch dann die Überraschung: Statt mich einzupacken, sagte der Samichlaus, er habe sich das Ganze noch einmal überlegt und gebe mir eine letzte Chance. Ich solle mich bessern, er werde mich genau beobachten und mich – falls ich mich nicht bessern würde – in einem Jahr tatsächlich mitnehmen. Ich könne jetzt zurück an meinen Platz.

Ich war das einzige Kind im Spital, das kein Geschenk bekommen hatte. Aber nicht nur deshalb fühlte ich mich elend. Ich hatte jetzt zwar keine Angst mehr, dafür schämte ich mich in Grund und Boden. Ich hätte mich einfach nur auflösen wollen. Weg von dieser Welt, weg von diesen Menschen, denen ich viel zu lange dermassen erniedrigend vorgeführt worden war.

Wie sich die ganze Veranstaltung auflöste, daran erinnere ich mich nicht mehr. Der Samichlaus erhob sich, trottete zu seinem Esel und verschwand wieder im Wald. Ich weinte den ganzen restlichen Abend, weinte mich wohl in den Schlaf. Der Tag, auf den ich mich so sehr gefreut hatte, voller Spannung und Neugier, endete in einer Tragödie. Nur Angst und Schamgefühle und niemand, der einen getröstet hätte. Was der Samichlaus mit seinen Vorwürfen gemeint hatte, weiss ich bis heute nicht.

Ein Jahr später. Wieder warteten wir auf den Samichlaus. Wir wussten, heute Abend würde er kommen. Ein Kind sagte ein paar Tage vorher zu mir, es habe Angst, es habe gehört, der Samichlaus könne auch bestrafen. Ich wusste inzwischen: Der Samichlaus war kein Samichlaus, er war ein verkleideter Arzt aus Winterthur. Eine Schwester hatte mir das im Laufe des Jahres einmal erzählt. Sie hatte mich damals leiden sehen und wollte nicht, dass mir das noch einmal passierte. Mir wurde klar: Meine Angst war überflüssig gewesen. Was für mich eine unendliche Qual gewesen war, war für andere nichts weiter als ein Spiel. Das ärgerte mich zusätzlich. Als mir dieses Kind also sagte, es habe Angst, da konnte ich nicht anders. Ich sagte ihm, es brauche keine Angst zu haben, der Samichlaus könne es gar nicht mitnehmen. Er sei nur ein verkleideter Arzt aus Winterthur.

Das Kind wollte mir zunächst nicht glauben. Es brauchte einiges an Überzeugungsarbeit. Am Abend, als es so weit war, kroch ich zwar gespannt, aber innerlich unbeschwert zum Lift. Ich wollte hinunterfahren in den Turnsaal, zum bevorstehenden Fest. Da kam mir die Chefärztin wutentbrannt entgegen und sagte: Alex, du gehst jetzt sofort und ohne Znacht ins Bett. Völlig verstört fragte ich, warum. Und sie schrie mich an, ich hätte jemandem erzählt, der Samichlaus sei ein Arzt aus Winterthur. Erstens stimme das nicht, und zweitens würde man so etwas nie und nimmer weiterverbreiten.

Ich kroch zurück in mein Zimmer, ging zu Bett und war einmal mehr todunglücklich. Jetzt, da ich mich auf die Samichlaus-Feier gefreut hatte, durfte ich nicht daran teilnehmen. Es war furchtbar, wieder nur Frust und Tränen. Ich lag im Bett, weinte und schluchzte vor mich hin, hemmungslos, schliesslich war ich das einzige Kind auf der ganzen Etage. Alle anderen waren zwei Stockwerke tiefer im Turnsaal.

Plötzlich ging meine Zimmertüre auf. Fräulein Zeisig, eine Physiotherapeutin, kam herein. Sie fragte mich, weshalb ich derart weinen müsse und warum ich nicht unten im Turnsaal sei. Ich erzählte ihr, was vorgefallen war. Sie nahm mich in die Arme und tröstete mich. Aus Tränen der Wut wurden Tränen der Erlösung. Mein Körper zitterte – und entspannte sich. Nur wenige Minuten in diesen Armen zu liegen, war schöner als die ganze Samichlaus-Feier. Und zum Schluss gab sie mir erst noch zwei Schokoladenstückchen aus ihrem Chlaussack, welchen das Personal offenbar schon erhalten hatte. Fräulein Zeisig. Allein wegen dieses einen Erlebnisses werde ich den Namen nie wieder vergessen.

Diese Umarmung war einer der Momente, die mich später in schwierigen Situationen immer wieder retteten. Die Erinnerung daran und das damit verbundene Gefühl gaben mir die Kraft, sie zu überstehen.

Die Kraft einer Umarmung ist stärker als alle Ängste, Drohungen und Entwürdigungen. Erst recht in einer Umgebung, in der Körperkontakt oder gar Zärtlichkeiten nicht vorkommen.

Ovomaltine und Weggli

Ich erinnere mich noch genau daran, wie ich zum ersten Mal realisierte, wie dumm ich war. Schon als Kind hasste ich es, wenn sich über Speisen eine Haut bildete. Das geschah häufig, da der Weg von der Küche im Parterre bis hinauf in unsere Zimmer recht lang war. Zudem mussten die Teller, wenn unsere Therapien zu lange dauerten, auf Wärmerechauds warm gehalten werden. Dort erwärmte sich dann jeweils auch der Salat. Und natürlich bildete sich auf den Saucen eine dünne Haut. Auf den Saucen über dem Fleisch und dem Gemüse, aber auch auf der Dessertcrème. Das verdarb mir jedes Mal den Appetit. Ganz schlimm war die Haut auf der Ovomaltine. Eigentlich freute ich mich jeden Tag auf das Frühstück. Doch wenn die Tasse irgendwo zu lange herumgestanden war, dann klebte auf der Ovo eine unansehnliche Haut.

Wieder einmal verursachte mir eine solche Tasse Brechreiz. Ausnahmsweise war ich aber allein in meinem Zimmer. Die anderen Kinder waren schon in der Schule oder in der Therapie, die Schwester anderweitig beschäftigt. Eine einmalige Chance, die Ovomaltine irgendwie zum Verschwinden zu bringen. Einen Blumentopf gab es keinen im Zimmer. Ich hätte das Getränk ins Lavabo schütten können, doch das kam mir nicht in den Sinn. Die erste Dummheit. Also beging ich eine zweite: Ich beschloss, die Ovo aus dem Fenster zu giessen. Nicht mit einem grossen, eleganten Schwung, sondern so diskret wie möglich. Ich rollte also mit der vollen Tasse in der Hand zum Fenster und kippte sie ganz langsam die Hausmauer entlang über das Fenstersims. Nach dem letzten Tropfen brachte ich die leere Tasse zum Tisch zurück und wartete glücklich und etwas stolz auf die Schwester. Bald kam sie und räumte Teller und Tasse weg. Der Plan ging auf.

Als ich etwas später mein Zimmer verliess und nach draussen ging, hatte ich einen Schock. Auf der hellbeigen Aussenwand des Spitals prangte ein dunkelbraunes Rinnsal – exakt von meinem Zimmerfenster hinunter auf die Terrasse im Parterre. Mir war sofort klar, dass es nur eine Frage der Zeit sein würde, bis dies jemandem vom Personal auffallen und ich verdächtigt würde. Natürlich hatte ich Angst vor den Konsequenzen, aber schlimmer noch war, zu realisieren, wie dumm ich gewesen war. Ich hätte die Ovomaltine in weitem Bogen hinausschütten sollen. Niemand hätte bemerkt, woher sie gekommen war. So aber hatte ich selbst die Spur gelegt, welche mich überführte.

Die Folgen waren dann übrigens nicht so schlimm, wie ich befürchtet hatte. Zwar wurde ich sofort zur Rede gestellt und erhielt auch eine Moralpredigt, aber die Verantwortlichen einigten sich schnell darauf, dass die Verschmutzung beim nächsten Regen von selbst wieder verschwinden würde.

Ebenso wie an meine erste Dummheit erinnere ich mich, wie ich zum ersten Mal realisierte, dass durchaus etwas Grips in meinem Hirn steckt. Aus irgendeinem Grund gab es ein kleines Fest im Turnsaal. Kinder und Personal versammelten sich und feierten. Zum Schluss bekamen alle Kinder ein Weggli. Noch nie hatte ich ein so schönes Brötchen gesehen. Die Form allein faszinierte mich. Und wie es sich anfühlte. So zart, so weich. Und dieser Duft. Ich freute mich riesig darauf, es mit nach oben auf mein Zimmer zu nehmen und es dann genüsslich zu verspeisen.

Ich war damals in einem Dreierzimmer untergebracht. Eines der Kinder konnte wegen einer Verletzung nicht mit ans Fest. Wir anderen beiden kamen also mit einem Weggli in der Hand hoch auf unser Zimmer. Dort stand die Schwester und sagte, wir müssten je die Hälfte des Brötchens dem anderen Kind geben. Auch dieses habe Anrecht darauf. Ich war entsetzt, hatte ich mich doch so gefreut. Aber alles Jammern nützte nichts. Wir mussten die Hälfte abgeben. Da sagte ich zur Schwester, das sei ungerecht. Derjenige, der nicht mit am Fest gewesen war, hätte nun ein ganzes Weggli, nämlich die Hälfte von mir und die Hälfte des anderen Jungen. Wir beide aber hätten jetzt nur noch je eine Hälfte. Das sei ungerecht. Ich sah dem Gesichtsausdruck der Schwester an, dass sie begriff, dass ich recht hatte. Ich hatte das Gefühl, intelligenter zu sein als sie. Und hoffte noch immer, ich bekäme einen Teil meiner Hälfte wieder zurück. Stattdessen bekam ich eine Ohrfeige. Intelligenz ist gut. Aber gegenüber Vorgesetzten muss man damit vorsichtig umgehen.

Nachttischlampe

Weihnachten war selbstverständlich immer ein heiss erwartetes Fest. Alle Kinder waren nervös, das Personal wahrscheinlich genauso. Im Turnsaal stand jeweils eine grosse Tanne, festlich geschmückt mit weissen Kerzen, farbigen Kugeln und silbernem Lametta. Abends um fünf, wenn es eindunkelte, versammelte sich die ganze Schar artig im Halbrund vor dem Weihnachtsbaum. Natürlich mussten wir singen. Obwohl das mehrstimmig wunderschön klang, war im Grunde jedes Lied eines zu viel. Denn wir wollten nur endlich an die Geschenke herankommen. Eigentlich erstaunlich, denn wir wussten, was wir bekommen würden: frische Socken und frische Unterwäsche. Manchmal ein Pyjama. Bei mir waren es stets die weissen, kratzigen Unterhosen.

Doch einmal sah ich, dass im Paket, welches mir gebracht wurde, unmöglich die immer gleiche Wäsche sein konnte. Ich platzte fast vor Spannung und konnte es kaum erwarten, bis ich mit Auspacken an der Reihe war. Es war ein grosses Paket, umwickelt mit schönem Geschenkpapier. Rigoros riss ich das Papier weg und öffnete die Kartonschachtel. Hervor kam eine Lampe. Eine Nachttischlampe. Mit einem Ständer und einem grossen Schirm aus weissem Pergamentpapier. Und das Besondere: Auf diesen Schirm waren ganz viele kleine Fotografien geklebt. Lauter Köpfe von Kindern des Kinderspitals. Die Köpfe all meiner Gschpänli klebten an der Lampe.

Die Köchin war die Fotografin des Spitals. Sie hatte eine Spiegelreflexkamera. Damit fotografierte sie immer wieder die Kinder, sei es für die Ärztin, für die Orthopäden oder auch einfach privat. Kaum hatte ich das Geschenk ausgepackt, kam die Köchin schon auf mich zu und sagte mir, sie habe von verschiedenen Fotos die Köpfe ausgeschnitten und wolle mir mit dieser Lampe eine Freude bereiten. Gleichsam nebenbei erfuhr ich: Das Geschenk kam also nicht vom Christkind, es kam von der Köchin. Mir war das absolut egal. Hauptsache, ich hatte eine Lampe. Auch die Köpfe interessierten mich nicht, ich sah die Kinder ja täglich. Aber eine Lampe, das fand ich schon absolut aussergewöhnlich. Meine Freude war riesig. Denn im Kinderspital war jeden Abend um sieben Uhr Lichterlöschen. Im Sommer kam durch die Jalousien Licht von draussen herein, im Winter aber war es um diese Zeit stockdunkel. Eine solche Lampe hatte ich mir insgeheim schon lange gewünscht. Damit würde ich Licht machen können. Licht für mich ganz allein. Wann immer und so lange ich wollte.

Ich freute mich denn auch schon ungemein, bis es Nacht wurde. Kaum war die Weihnachtsfeier zu Ende, kroch ich hinauf in mein Zimmer, zog mich aus und legte mich ins Bett. Enorm glücklich, denn auf meinem Nachttisch stand jetzt eine Lampe. Kaum hatte die Schwester das Licht gelöscht, sich verabschiedet und die Tür hinter sich zugezogen, nahm ich die Nachttischlampe unter die Decke, damit die anderen Kinder nichts merken konnten, und knipste sie an.

Ich konnte noch gar nicht lesen, die Lampe nützte mir demnach nichts, aber ich war einfach glücklich, privates Licht zu haben. So lag ich also unter meiner Decke und genoss meine Lampe und mein Licht. Dass ich immer weniger Luft zum Atmen hatte, störte mein Glück kaum.

Plötzlich hörte ich unter der Decke, wie die Nachtschwester das Zimmer betrat. Ich hielt mich mucksmäuschenstill, in der Hoffnung, sie würde nichts Aussergewöhnliches bemerken und das Zimmer sogleich wieder verlassen. Doch es kam anders. Plötzlich wurde meine Decke hochgerissen. Mit strenger Stimme fragte die Schwester: Was machst du da? Ich sagte: Ich geniesse mein Weihnachtsgeschenk. Sie aber stammelte in überreiztem Ton etwas von «gefährlich» und «Feuer fangen», zog den Stecker der Lampe und nahm sie mir weg. Ich rief ihr noch nach, das sei mein Weihnachtsgeschenk. Aber es nützte nichts. Mit der Lampe in der Hand verliess sie das Zimmer.

Alles Weinen und Betteln nützte nichts. Voller Unverständnis erzählte ich am nächsten Morgen meiner Schwester, was mir in der Nacht Schlimmes widerfahren war. Sie versuchte, mich zu trösten, sagte aber sehr bestimmt, eine Lampe unter der Decke anzumachen, sei sehr gefährlich. Die Wäsche könnte sich erhitzen und Feuer fangen, und im schlimmsten Fall würde das Spital abbrennen. Mein Versprechen, hoch und heilig beteuert, die Lampe niemals mehr mit ins Bett zu nehmen, nützte nichts. Ich sah mein liebstes Weihnachtsgeschenk nie wieder.

Als Monate später ein Zauberer in den Turnsaal kam und lauter unnütze Dinge aus seinem Hut hervorzauberte, witterte ich meine Chance. Ich hatte mein Geschenk noch immer nicht vergessen. Nach der Vorführung durften wir mit ihm sprechen. Da fragte ich ihn, ob er mir eine Nachttischlampe herbeizaubern könne. Er sagte, nein, das könne er nicht. Aber ein kleines Plüschtier, wenn ich das wolle. Er hatte keine Ahnung.

Schule

Am meisten Zeit verbrachten wir Kinder mit Therapien und in der Schule. Die erste Klasse besuchte ich im Kinderheim in Amden. Dorthin wurde ich überstürzt verfrachtet. Ich blieb exakt ein Jahr, dann gings wieder zurück nach Affoltern. Offenbar war ich ein guter Schüler, jedenfalls musste ich nie irgendwelche Hausaufgaben lösen und hatte dennoch nur Bestnoten im Zeugnis. In der zweiten und dritten Klasse war ich an der internen Schule des Kinderspitals. Meine Lehrerin war Fräulein Keller. Eine grosse, schlanke Frau mit Brille und langen, dunkelbraunen Haaren, meist hochgesteckt oder zu einem Rossschwanz zusammengebunden. Ich vergötterte sie. Ich konnte ihr stundenlang zusehen und zuhören. Die Art, wie sie sich bewegte, wie sie uns anschaute, wie sie sprach, wie sie etwas erklärte oder wie sie Geschichten erzählte, das alles faszinierte mich. Einmal las sie uns ein Buch vor, welches in Madagaskar spielte. Ich hatte keine Ahnung, wo Madagaskar liegt, aber ihrer Stimme zu lauschen, war einfach schön.

Manchmal, wenn wir individuell arbeiten mussten, machte sie etwas, was mich äusserst entzückte. Sie hatte meist stark rot geschminkte Lippen. Und zuweilen nahm sie eine Banane in die Hand und schälte sie andächtig. Behutsam schob sie die weisse Banane zwischen ihre roten Lippen und ass Bissen für Bissen. Es schien mir, als geschehe dies sehr bewusst und voller Genuss. Es war mir nicht möglich, meinen Blick von diesem Bild abzuwenden.

Einmal im Jahr begaben wir uns auf die Schulreise. Ein Bus fuhr vor, und die Kinder wurden platziert. Fräulein Keller aber kam jeweils mit ihrem Privatauto. In ihrem Deux Chevaux fuhr sie hinter dem Car her. Und aus irgendeinem Grund wurde ich dieses Jahr nicht in den Car gesetzt, sondern auf den Beifahrersitz dieses Deux Chevaux. So hatte ich das wunderbare Gefühl, ganz exklusiv und höchst privat mit meiner Lehrerin einen Ausflug zu machen. Wohin es ging, daran kann ich mich nicht mehr erinnern. Aber die Hin- und Rückreise, allein mit Fräulein Keller in ihrem Auto, das war schon grandios.

.it Mutter und Vater, Juni 1954, noch vor Ausbruch der Kinderlähmung. Dass eine Hand und ein ıss fehlen, wird geschickt verborgen.

Das Kinderspital, um 1960. Wie ein Schlösschen thront es auf dem Mühleberg über Affoltern a
Albis. Links das damalige Altersheim Lilienberg, das dem Kanton Zürich heute als Unterkunft f
jugendliche Asylsuchende dient.

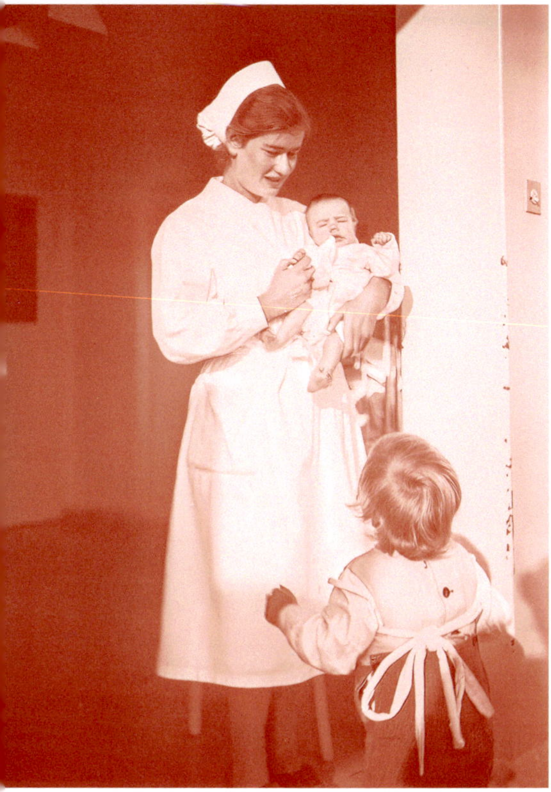

:hwestern im Kinderspital in den 1950er- und 1960er-Jahren mit ihren
ndern. Sie tragen die typische weisse Tracht mit Häubchen, Schürze
ıd Bluse. Sonntags war die Bluse dunkelgrau.

Alexli feiert im Juli 1956 seinen dritten Geburtstag: Blumen im Brünneli, viele Spielsachen auf dem Tisch – und eine verlegene Miene.

rotz Blechnapf und merkwürdigen Hütchen: Die Stimmung ist gut. Schnappschuss
us dem Jahr 1958.

in grosses Ereignis: die Samichlaus-Feier, 1958.

Erste Gehversuche mit Korsett, Gehapparat, Prothese und zwei Stöcken, 1960.

ınmitten der fastnächtlich verkleideten Kinder wirken die Kleider der Schwestern ganz harmo-
ısch.

Mit Schwester Elisabeth in der Badekur in Bad Ragaz, Sommer 1964.

ie Pubertät naht: der Blick in die Ferne gerichtet, die Haare ungezähmt und am inger ein bedeutungsschweres Vorhangringli, heimlich geklaut in der Ergotherale, um 1966.

1966

1968

Fräulein Schneebeli, die Köchin, machte regelmässig medizinische und orthopädische Bilder für die Ärztin. Hatte sie gute Laune, knipste sie ein Porträt und schenkte es uns. Sie tat das auch später, als ich nur noch an den Wochenenden und in den Ferien im Kinderspital war.

70

1972

Kam ich am Wochenende ins Spital, wurde das Zvieri auch mal im Garten und auf schönem Porzellan serviert. Hier mit Hans Witschi, 1971.

ie Gang, leicht gelangweilt, aber in unterschwelliger Anspannung, was
ie Zukunft wohl noch alles bereithalten würde, 1971.

ı einem Alter, in dem das Hilfsmittel zum Ausdrucksmittel wurde, 1971.

Mit anderen Jugendlichen, einem Medizinstudenten, einer Physiotherapeutin und einer Schwester (hier «ferienhalber» ohne Häubchen), Provence, 1970.

ie Freiheit explodiert: Tanz im Rollstuhl auf der Reise in die Provence, 1972.

Letzter Abend in Frankreich und ein Moment grösster Melancholie, denn seine Schönheit ist ein-
malig und vergänglich.

Die vierte Klasse durfte ich nicht mehr bei Fräulein Keller besuchen. Ich musste in die öffentliche Schule ins Dorf. Als einziges Kind des Kinderspitals. Das war ganz schlimm. Ich empfand es als eine immense Strafe, konnte mir aber überhaupt nicht erklären, wofür. Selbst die Krankenschwester meinte lapidar, sie wisse es auch nicht und es sei nun mal so. Jahre später erfuhr ich den Grund dann rein zufällig.

Am Morgen also fuhr mich jeweils ein Auto hinunter ins Dorf, mitgegeben wurde mir eine kleine Zwischenverpflegung. Über Mittag, wenn alle anderen Kinder nach Hause essen gingen, musste ich allein im Schulhaus bleiben. Ich ass mein Sandwich und wartete, bis die Nachmittagslektionen begannen. Tag für Tag zwei Stunden ganz allein und unendlich einsam. Ich empfand es als ungerecht, dass ich jeden Morgen meine Freunde im Kispi verlassen musste. Die neuen Kinder kannte ich nicht. Und weil ich nie die Pause mit ihnen verbringen konnte – dafür hatte es viel zu viele Treppen –, schloss ich auch keine neuen Freundschaften. Ich ging zwar inzwischen recht gut an Krücken, doch Treppensteigen war eine enorme Anstrengung. Ich war also mittendrin, aber total allein. Zudem war der Lehrer alt und hässlich. Kein Vergleich mit Fräulein Keller.

Noch immer machte ich keine Aufgaben. Das rächte sich. Als ich mein erstes Zeugnis der Regelschule erhielt, gab es nicht mehr lauter Sechser, sondern Vierer und Viereinhalber. Ich war entsetzt. Alles war ja wie immer, nur der Lehrer war viel schlechter. Und als Folge davon hatte ich nun plötzlich ein so miserables Zeugnis. Ich akzeptierte das nicht, nahm einen Tintengummi aus dem Etui, befeuchtete ihn mit etwas Speichel und begann die Noten abzuändern.

Ein paar Tage später gab es im Kinderspital eine riesige Versammlung rund um mein Bett. Die Ärztin war da, der Lehrer, die Schwester und zwei Männer, welche ich nicht kannte. Die Ärztin erklärte mit aufgebrachter Stimme, es sei etwas Schlimmes vorgefallen: Ich hätte mein Zeugnis gefälscht. Das sei Urkundenfälschung und habe Konsequenzen für mein ganzes Leben. Ich wusste weder, was eine Urkunde ist, noch was Konsequenzen sind. Aber die Mienen der Umstehenden waren derart ernst und bedeutungsvoll, dass ich wusste, ich musste etwas Schreckliches getan haben. Sie gaben mir das Gefühl, ich hätte gerade mein Leben zerstört. Doch es blieb mir nichts anderes übrig, als diese Stimmung über mich ergehen zu lassen. Und ein paar Tage später bekam ich zu meinem Erstaunen einfach ein neues Zeugnis mit den alten schlechten Noten drin. Für ein nächstes Mal war mir jetzt immerhin klar, dass ich sie nicht mit Stift, Speichel und Gummi verändern durfte.

Einmal fragten die Kinder meiner Klasse, ob sie mich im Kinderspital besuchen dürften. Schliesslich sähen sie dieses grosse, schöne Gebäude jahrein, jahraus, sie seien aber noch nie dort oben gewesen. Ich war sehr erfreut, plötzlich zeigten die Kinder Interesse an mir und meiner speziellen Situation. Wir vereinbarten, dass ich sie am freien Mittwochnachmittag nach der Ligi um drei Uhr auf dem Parkplatz vor dem Eingang abholen würde. Ich freute mich riesig darauf. Am besagten Mittwoch betätigte ich kurz vor drei Uhr den Lift, um hinunter zum angegebenen Treffpunkt zu gelangen. Als ich im Parterre aussteigen wollte, stand da schon meine Schwester und sagte in aufgebrachtem Ton: Alex, du fährst sofort wieder hinauf und gehst ins Bett. Ins Bett gehen mitten am Nachmittag, das war die Höchststrafe. Ich verstand die Welt nicht mehr. Ich sagte, das gehe nicht, ich müsse meine Klasse abholen, die Kinder stünden jetzt auf dem Parkplatz und würden auf mich warten. Genau das gehe eben nicht, beschied mir die Schwester. Was mir überhaupt einfalle, einfach fremde Menschen ins Spital einzuladen. Das gehe doch nicht, nur schon wegen der Bazillen. Sie zerrte mich in den Lift, wir fuhren hinauf, sie steckte mich ins Bett. Schlimmer als das war jedoch, dass jetzt ein grosser Teil meiner Klasse vor dem Spital stehen und auf mich warten würde. Was machte das für einen Eindruck, wenn ich die Abmachung nicht einhielt? Da kümmerte sich die Klasse ein einziges Mal um mich, und ich liess sie einfach im Stich. Es war grauenvoll, und die Vorstellung, am nächsten Morgen wieder das Schulzimmer betreten zu müssen, war schlicht unerträglich. Die Isolation, unter welcher ich vorher schon so gelitten hatte, war jetzt zusätzlich zementiert.

Ich entwickelte denn auch keine Beziehung zu irgendeinem der Mitschüler, menschlich gesehen war es ein verlorenes Jahr. Das exakte Gegenteil von dem, was ich sonst im Spital erlebte. Denn dort war ich immer umgeben von einer

Horde Kinder und Erwachsener. Und auch wenn ich längst nicht mit allen Kontakt hatte und einige sogar doof fand, herrschte im Grunde eine sehr entspannte, wohlwollende Atmosphäre. Ich war stets und ganz selbstverständlich Teil einer Gemeinschaft. Nie fühlte ich mich ausgeschlossen. Ausser in der Dorfschule. Sie gab mir eine erste Ahnung, was später beim Übertritt hinaus in die Welt über mich hereinbrechen sollte.

Erst Jahre später, als junger Erwachsener, erfuhr ich, weshalb ich als Einziger von der Spitalschule in die öffentliche Schule wechseln musste. Ich machte Bekanntschaft mit einer Sekretärin des Kinderspitals Zürich. Zufällig fand ich heraus, dass sie Zugang hatte zu den Krankengeschichten der Kinder von Affoltern. Ich umgarnte sie so lange, bis sie einwilligte, mir meine Krankengeschichte über Nacht auszuhändigen. So blätterte ich also in meiner Vergangenheit.

Es gab viel Betrübliches zu lesen. Unter anderem auch, dass ich schon früher einmal nach Hause hätte gehen können, mich meine Eltern aber nicht gewollt hätten. Und eben auch der Grund, warum ich in die Dorfschule geschickt worden war: Dort stand, ich hätte Fräulein Keller mit dem Stock manchmal leicht auf die Füsse getippt. Selbstverständlich erinnere ich mich überhaupt nicht daran, ich kann mir auch gar nicht vorstellen, dass ich so etwas je getan haben sollte. Jedenfalls schloss die Spitalleitung daraus, dass ich intellektuell unterfordert sei und deshalb von der Spitalschule in die Regelschule wechseln müsse. Das furchtbare Jahr geschah mir zuliebe. Welch ein Hohn. Und Fräulein Keller, die Lehrerin, die ich so liebte, welche mich so umfassend gefördert und gebildet hatte, soll also der Grund dafür gewesen sein, warum ich die Schule hatte wechseln müssen.

Abschiede

Zwei Abschiede sind meine mit Abstand schlimmsten Erinnerungen an die Zeit im Kinderspital. Sie trafen mich völlig unvorbereitet. Und beide Male hatte ich keine Ahnung, wohin ich verfrachtet würde. Beim ersten Abschied war ich sieben Jahre alt. In meiner Erinnerung liege ich auf meinem Bett, um mich herum stehen erwachsene Menschen. Ich kenne nur die Oberärztin. Und meine Schwester, meine Vertrauensperson. Sie schweigt. Alle anderen, auch Männer sind darunter, reden über mich, zwischendurch schweigen sie und schauen bedeutungsvoll zu mir herunter. Wenn sie sprechen, verstehe ich kein Wort, merke aber, dass die Stimmung bedrückt ist. Die Situation ist sehr ernst, und sie betrifft mich. Das verheisst nichts Gutes.

Plötzlich richtet die Ärztin das Wort an mich und teilt mir mit, dass ich in ein Kinderheim versetzt werde. Nach Amden. Ich wusste weder, was ein Kinderheim ist, noch was Amden heisst. Ich spürte einfach, es ist ganz schlimm. Ich fragte dann die Ärztin, wie lange ich dortbleiben müsse. Sie sagte mir, vorerst ein Jahr. Auch davon konnte ich mir keine Vorstellung machen. Weil sie aber nicht bis morgen oder übermorgen sagte, ahnte ich, dass es sehr lang sein musste. Ich war nicht nur traurig, ich war verzweifelt. Ich hatte Angst. Die Erwachsenen um mich herum diskutierten noch kurz weiter, dann verabschiedeten sie sich von mir und verliessen das Zimmer.

Nach einiger Zeit kam meine Schwester wieder herein. Ich fragte sie, was jetzt passiere. Sie erklärte mir, dass ich in ein Kinderheim komme und dort zur Schule gehen werde. Ich fragte sie, was denn ein Kinderheim sei, und sie erklärte mir, das sei ein Haus, viel kleiner als dieses Spital, aber auch mit Kindern. Und sie sei ganz sicher, dass ich dort bald wieder neue Freunde gewinnen würde. Sie wollte mich trösten. Es gelang ihr nicht. Ein grosser Klumpen machte sich in meinem Bauch breit. Und niemand war da, mit dem ich darüber hätte reden können.

Auch Jahre später erfuhr ich nicht, warum ich damals so abrupt und als einziges Kind das Heim wechseln musste. Eine Verwaltungsangestellte äusserte einmal die Vermutung, dass das Kispi vielleicht hatte sparen müssen. Ein Kinderheim sei kostengünstiger als ein Kinderspital, und man habe mich als Versuchskaninchen auserkoren, weil ich der frechste und vorwitzigste gewesen sei und weil ich mit den Stöcken schon einigermassen gehen konnte. Aber ich weiss es bis heute nicht.

Am folgenden Tag also wurde ich in ein Auto gesetzt und ins Kinderheim Leistkamm nach Amden gefahren. In meiner Erinnerung konnte ich mich von niemandem verabschieden. Ich war ganz allein in meinem Schmerz, hatte keine Ahnung, was mit mir und um mich herum geschah. Einmal mehr war ich der Situation völlig ausgeliefert.

Der zweite Abschied kam dann mit zwölf, als ich das Kinderspital endgültig verlassen und nach Hause zu meinen Eltern und Geschwistern zurückkehren musste.

Kinderheim in Amden

Ans Kinderheim in Amden habe ich nicht viele Erinnerungen. Es sind einzelne Episoden, Blitzlichter, die auftauchen und wieder verschwinden. Klar ist, dass ich dort eingeschult wurde und die erste Klasse besuchte.

Bei der Ankunft staunte ich über das kleine Haus, das weiss ich heute noch. Ich war ans grosse, schlossähnliche Kinderspital gewöhnt. Und jetzt dieses zweistöckige Gebäude mit dem Vorplatz aus Beton und einem hübschen Garten mit Kinderschaukel hinter dem Haus. Ich bekam ein Einzelzimmer, was für mich anfangs befremdend war. Das hatte ich bis jetzt noch nie gehabt. Aber ich gewöhnte mich schnell daran. Völlig ungewohnt war auch die Anzahl Kinder. Wir waren nur etwa zehn. Und vier Erwachsene.

Schwestern gab es dort keine, Therapeutinnen auch nicht. Überhaupt gab es kaum Personal, nur eine Köchin, eine Lehrerin, eine Heimleiterin und eine Aushilfe. Die Köchin war eine sehr strenge Person. Mit ihren festen, krausen Haaren erinnerte sie mich immer an eine aufrecht gehende Toilettenbürste. Ich mochte sie nicht. Sie hatte eine widerliche, leicht behaarte Warze auf der Wange. Interessanterweise war sie auch die Warzenspezialistin. Als ich am kleinen Finger einmal eine Warze hatte, da wurde sie damit beauftragt, mir diese zu entfernen. Sie schnitt sie mir tatsächlich mit einem Messer heraus. Es blutete fürchterlich und tat schrecklich weh. Aber immerhin, die Warze kam nicht wieder.

Die Trauer über den Abschied vom Kinderspital legte sich relativ schnell. Ich freundete mich mit den neuen Kindern an. Ein Bub war etwas dicklich, der andere trug eine Brille. Mit ihnen beiden hatte ich es ganz gut. Seltsamerweise erinnere ich mich nur noch an den Namen des einen: Ernstli, der mit der Brille, war der Sohn des Coiffeurs von Bad Ragaz.

Oberhalb des Kinderheims war ein Heim für ehemalige Alkoholiker. Wenn ich spazieren ging, ermahnte mich die Heimleiterin immer, schnell an diesem Haus vorbeizugehen. Sie sagte, ich bräuchte keine Angst zu haben, die Männer schauten zwar etwas böse, doch sie würden mir nichts tun. Mich beschlich jedes Mal ein etwas unangenehmes Gefühl. Trotzdem konnte ich es nicht lassen und spazierte immer wieder dort vorbei. Es war ein grosses, altes Gebäude und erinnerte mich ans Kinderspital.

Der grösste Raum im Kinderheim hatte eine Fensterfront in Richtung Walensee. Er diente als Wohn-, Ess- und Schulzimmer. Wenn mir langweilig war – und das war in der Schule oft der Fall –, schaute ich aus dem Fenster, hinunter zum Walensee. Das war deshalb so interessant, weil in jener Zeit die Walenseestrasse gebaut wurde. Immer wieder gab es Sprengungen, und wir sahen die Rauchsäulen aus dem Fels aufsteigen. Die Heimleiterin sagte dann jeweils mit wichtigem Ton, dort werde jetzt die Autobahn ins Tessin gebaut. Bald sei man ganz schnell unten im Süden. Darunter konnte ich mir zwar nichts vorstellen, aber es klang dennoch irgendwie interessant.

Die schönste Erinnerung habe ich an den Winter. Das Kinderheim lag an einem Hang, der dann zu einer prachtvollen, steilen Schneefläche wurde. Und manchmal gingen wir schlitteln: Die Heimleiterin setzte mich vor sich zwischen ihre Beine auf einen Holzschlitten und fuhr mit mir den Hang hinunter. Ich fand das wahnsinnig lustig. Immer musste ich lachen, auch wenn wir vom Schlitten fielen. Das waren wirklich fröhliche, unbeschwerte Momente.

Schmerzhaft machte ich Bekanntschaft mit dem Betonboden vor dem Haus. Einmal nach dem Abendessen stand ich ganz alleine auf dem Vorplatz. Ich schaute zum Himmel hinauf. Wolken zogen vorbei. Ich Siebenjähriger stand da mit meinen Gehstöcken. Als ich den Wolken zuschaute und sie über meinen Kopf hinweg nach hinten zogen, blickte ich ihnen so lange nach, bis ich das Gleichgewicht verlor und wie eine Puppe nach hinten kippte. Ich knallte mit dem Hinterkopf auf den Beton. Obwohl es noch hell war, sah ich nur noch Sterne. Es dauerte nicht lange, da entdeckte mich jemand und rief die Heimleiterin. Sie erschrak ziemlich, holte ein Tuch und tupfte mir das Blut vom Kopf. Ich blutete aus der Schädeldecke. Sie brachte mich ins Bett. Und es blieb bei einer Platzwunde mit Beule.

Schöner war die Erfahrung mit der Schaukel hinter dem Haus. Ein solches Spielgerät hatte ich bisher noch nicht gekannt. Die anderen Kinder schaukelten jeweils in den Pausen. Ich traute mich nicht. Doch einmal, als mich niemand beobachtete, versuchte ich es dennoch. Es war ein ziemlicher Murks, bis ich endlich auf der Schaukel sass. Immer wieder glitt sie unter meinem Gesäss weg. Als es endlich klappte, warf ich die Stöcke zu Boden und versuchte ganz vorsichtig, etwas Schwung zu bekommen. So richtig wollte es mir aber nicht gelingen. Da ging zufällig eine junge Frau am Garten vorbei, blieb stehen, schaute mir eine Weile zu und fragte dann, ob sie mir helfen soll. Ich nickte verlegen, worauf sie in den Garten trat und mir ganz vorsichtig Schwung gab. Sie fragte, ob sie etwas stärker schaukeln solle. Ich verneinte, so sei es gut. Eine ganze Weile schaukelte ich hin und her. Sanft unterstützt von dieser fremden Frau. Sie verhalf mir zu einem wunderschönen Erlebnis.

Die ganze erste Klasse verbrachte ich im Kinderheim. Im Sommer musste ich für einen Monat in die Badekur nach Bad Ragaz. Ich verabschiedete mich also von den Kindern und dem Personal. Und nahm an, dass ich sie danach alle wiedersehen würde. Als die Badekur vorbei war, wurde ich aber nicht zurück ins Kinderheim gebracht. Stattdessen verfrachtete man mich in einen Bus, setzte mich dann in einen Zug, und schliesslich wurde ich irgendwo abgeholt – und ins Kinderspital gebracht. Plötzlich und ohne Vorahnung war ich also wieder zurück in Affoltern, von wo ich exakt ein Jahr zuvor ebenso abrupt weggebracht worden war. Wie ich das damals aushielt, ist mir heute absolut schleierhaft.

Die Physiotherapeutinnen

Wir Kinder waren immer umzingelt von Frauen. Krankenschwestern, Ergotherapeutinnen, Lehrerinnen, Reinigungsfrauen, der Chefärztin, der Hausvorsteherin und so weiter. Am liebsten mochten wir die Physiotherapeutinnen. Allein schon ihre Namen: Fräulein Zeisig, Fräulein Grosse, Fräulein Behrmann. Ausserdem sprachen die meisten Hochdeutsch. Das war etwas Besonderes. Und sie berührten uns. Nicht nur im übertragenen Sinn des Wortes. In der Physiotherapie hatten wir Körperkontakt. Ganz unbewusst waren wir süchtig danach. Ich freute mich jedes Mal wahnsinnig auf die Physiotherapie. Obwohl sie eigentlich eher langweilig war. Die lahmen Glieder wurden durchbewegt, man musste versuchen, mit bestimmten, kaum oder gar nicht vorhandenen Muskeln irgendwelche Bewegungen durchzuführen. Meistens ging das nicht. Also nahmen die Therapeutinnen unsere schwer zu manipulierenden Körperteile in ihre Hände und bewegten diese ein wenig durch die Luft. Es wurde einem eigentlich mit jeder Übung bewusst gemacht, dass dieser Körper zu nichts taugte. Aber das war völlig egal. Hauptsache, Körperkontakt.

Etwas, was mir als Kleinkind überhaupt nicht auffiel, wurde nun plötzlich zum Problem: Weil ich infolge fehlender Muskeln sehr dünne Beine hatte und damals immer schlottrige, ausgewaschene Unterhosen trug, rutschte mir manchmal das Schnäbeli aus der Unterhose. Ich wusste nicht, wie ich jeweils darauf reagieren sollte. Hätte ich es wieder versteckt, wäre die Therapeutin darauf aufmerksam geworden. Machte ich nichts, wäre das auch nicht gut gewesen, denn dann hätte ich befürchten müssen, dass sie es ebenfalls bemerken und sich aus Rücksicht zu mir nichts anmerken lassen würde. Ein Problem hatte ich also so oder so. Ich getraute mich allerdings nicht, das anzusprechen. Einige Therapeutinnen versorgten es jeweils en passant für mich, andere ignorierten es. Als Erinnerung ist mir das noch heute etwas peinlich.

Manche Physiotherapeutinnen bewegten sich virtuos. Und manchmal unterbrachen sie ihre eher langweiligen Übungen, um mit uns Kindern ein bisschen Spass zu haben. Eine beliebte Übung war folgende: Die Therapeutin legte sich auf den Rücken und streckte ihre Beine senkrecht in die Luft. Dann hob sie mich auf ihre Füsse und bewegte diese so, dass sich mein Körper darauf wie die Rotorblätter eines Helikopters drehte. Ich fand das enorm lustig. Nicht nur, weil ich so gleichsam schwerelos durch die Luft kreisen konnte, sondern auch, weil die Füsse dabei unter dem Bauch das Zwerchfell massierten. Dadurch konnte ich gar nicht anders, als einfach permanent zu kichern. Ein herrliches Abenteuer.

Einmal allerdings ging es in die Hosen. Ich fiel von den Füssen der Therapeutin. Wir hatten mit Tempo und Schwung übertrieben. Mit dem Fuss des lahmen Beins schlug ich am Boden auf. Es schmerzte natürlich, aber ich wollte nicht weinen, weil mir die Physiotherapeutin leidtat. Sie hatte etwas mir zuliebe gemacht, jetzt sollte sie deswegen kein schlechtes Gewissen haben. Ich war unendlich tapfer und sagte mit schmerzverzerrtem Gesicht, es tue mir nicht weh, alles sei in Ordnung. Aber natürlich merkte die Therapeutin, dass sie meinen Fuss nicht mehr berühren konnte, ohne dass ich zusammenzuckte. Es stellte sich heraus, dass er verstaucht war. Schlimm war das nicht, aber es hatte dennoch unerfreuliche Konsequenzen.

Es war Winter, und tags darauf war eine Schlittenfahrt durch den Schnee geplant. Drei grosse Schlitten fuhren vor, gezogen von je zwei Pferden. Wir Kinder wurden, in Decken gehüllt, in diese Schlitten gesetzt. Ich freute mich schon seit Tagen darauf. Doch als es dann so weit war, sagte mir meine Schwester, ich dürfe nicht mit auf die Schlittenfahrt, es sei für mich mit dem verstauchten Fuss zu gefährlich. So folgte auf die riesige Freude über den Helikopterflug auf den Füssen der Physiotherapeutin ein zweifacher Schmerz, einer am Fuss und einer im Herz.

Bei schönem Wetter wurde die Physiotherapie vom Turnsaal hinaus auf die grosse Wiese davor verlegt, und wir machten eine Ballonübung. Ein grosser, aufgepumpter Gummiball bildete die Grundlage. Die Physiotherapeutin legte mich darauf und sagte, ich solle das Gleichgewicht halten. Ich lag also bäuchlings auf dem Ball und versuchte mit allen vieren, ihn einigermassen ruhig zu halten und im Gleichgewicht zu bleiben. Natürlich ging das mit lahmen Beinen nicht ohne

Hilfe. Die Physiotherapeutin hielt mich daher entweder an einem Bein und oder an einem Arm, immer nur so fest wie nötig. Es war lustig und intensiv, und ich merkte überhaupt nicht, wie ich bei dieser Übung ganz verschiedene Muskeln betätigte. Für mich war es wie ein höchst unterhaltsames Spiel.

Wir waren draussen, die Sonne schien, rundum fröhliche Stimmen, zudem hatte ich Körperkontakt. Es war fantastisch. Und natürlich plauderte und lachte ich während der Übungen mit der Therapeutin vor lauter guter Laune unbeschwert. Und plötzlich sagte sie: Alex, weisst du eigentlich, dass du ein grosser Charmeur bist? Ich hatte dieses Wort noch nie gehört, wusste nicht, was sie meinte. Aber mein Inneres begann zu glühen, mein Körper dehnte sich aus. Ich verstand nichts, aber ich wusste, das war ein grosses Lob.

Unvergessen ist auch das Erlebnis in der Badekur in Bad Ragaz. Eine deutsche Therapeutin bot mir das Du an. Das machte mich nervös. Zudem durfte ich ihr den Vornamen nur sagen, wenn niemand anderes es hören konnte. Wir zwei hatten also ein Geheimnis. Ich verstand das als Kompliment. Und einmal sagte mir die Therapeutin, sie nehme mich mit ins Dorf. Eigentlich war das ein Tabu, wir Kinder waren immer entweder in unserem Kinderheim Solitude, so hiess das Haus, oder im Thermalbad oder auf dem Weg dazwischen. Wie das Dorf sonst aussah, wusste ich nicht. Jetzt also das: Sie wollte mich ins Dorf mitnehmen. Und noch dazu am frühen Nachmittag, als eigentlich wie im Kinderspital Ligi angesagt war. An jenem Tag also holte mich die Therapeutin aus meinem Bett, hob mich in einen Rollstuhl, und wir fuhren los ins Dorf. Nach einem längeren Spaziergang durch verschiedene Strassen, vorbei an einem grossen Park, landeten wir schliesslich vor einem riesigen, eleganten Restaurant mit hohem Vordach, unzähligen Tischchen und Stühlen. Die meisten waren besetzt. Doch die Therapeutin schob mich zielsicher an einen freien Tisch und setzte sich mir gegenüber auf einen Stuhl. Sie fragte, ob ich Lust hätte auf eine Glace. Ich wusste nicht, was das war, sagte einfach Ja. Es kam ein riesiger Coupe mit mindestens drei Kugeln, ein paar Beeren und sehr viel Schlagrahm. Wahrscheinlich ass ich nicht einmal die Hälfte. Aber dieses Erlebnis! Allein mit einer so schönen Frau in einem riesigen Gartenrestaurant zu sitzen und eine Glace zu löffeln, das erfüllte mich mit einem unglaublichen Stolz. Kein Wunder, wurden wir von den Gästen rundherum mit grossen Augen bestaunt. Gefühle übermannten mich, welche mir völlig neu waren und von denen ich noch jahrelang zehren konnte.

Natürlich wollte ich dieses Erlebnis wiederholen. Ein paar Tage später hatte ich erneut Lust auf eine Glace. Ich fragte die Therapeutin, ob sie wieder mitkomme. Doch sie hatte keine Zeit. Also machte ich mich allein im Rollstuhl auf den Weg. Es war beschwerlicher als gedacht, aber ich hatte ja ein Ziel. Ich rollte an einen Tisch und bestellte ein Eis. Ich wusste, dass ich etwas Verbotenes tat und so schnell wie möglich zurück zu den anderen musste. Kaum hatte ich die Hälfte gegessen, setzte ich mich in Bewegung. Da kam eine Serviertochter angerannt und sagte, ich hätte noch nicht bezahlt. Ich verharrte unschlüssig im Rollstuhl, schaute verdattert in die Gegend. Ich hatte kein Geld und wusste auch nicht, was sie meinte. Da entstand am Nebentisch eine gewisse Unruhe, die Gäste sprachen mit der Bedienung – und höflich lächelnd wurde mir gesagt, es sei alles erledigt. Ganz offensichtlich beglichen

Fremde meine Rechnung. Der süsse Bub, allein unterwegs im Rollstuhl, erweckte wohl Mitleid.

Wie ich erst später mitbekam, hatte der Ausflug der Physiotherapeutin mit mir Folgen. Natürlich hatte uns jemand gesehen. Sie bekam einen Verweis – doch mir hatte sie damit ein Törchen in die Welt geöffnet.

Physiotherapeutinnen führten und verführten mich durch die ganze Kindheit. Mit schönen Worten, mit Glaces in Ausnahmefällen und mit regelmässigem Körperkontakt. Ich kann kaum beurteilen, was mir ihre Arbeit an und mit mir körperlich brachte, aber eines weiss ich mit Bestimmtheit: Ohne ihre Anwesenheit und den regelmässigen Kontakt zu ihnen wäre ich als Kind seelisch verkümmert.

Mysterium Fudi

Irgendwann, ich muss ungefähr zwölf gewesen sein, war es so weit. Die pubertären Fantasien explodierten. Es genügte mir nicht mehr, immer nur das Lächeln, das Gesicht oder die Schürzen der Schwestern anzuschauen. Ich wollte mehr. Ich wollte einen nackten Körper sehen. Kinder sah ich zwar in den Therapien in Badehosen, Physiotherapeutinnen ebenso. Aber einen splitternackten Menschen hatte ich noch nie gesehen. Das wollte ich jetzt vorsätzlich ändern. Am einfachsten, so meinte ich, würde es wohl sein, wenn ich jemandem unter die Schürze schauen würde. Aber wie? Ich überlegte. Ein schwieriges Unterfangen. Plötzlich hatte ich eine Idee.

Ich wusste, wann die Schwester kam und mein Bett machte. Die Betten waren hoch, damit Ärzte und Schwestern an und mit den Kindern arbeiten konnten, ohne sich bücken zu müssen. Entsprechend hatte es darunter viel Platz. Platz, um zu spielen und sich zu verstecken. Also überlegte ich: Wenn ich unbemerkt unter meinem Bett liege und die Schwester davorsteht, dann kann ich mich etwas nach vorne schieben und ihr – bei bester Aussicht – unter den Rock schauen.

Als sich am folgenden Tag der Moment näherte, kroch ich also unter mein Bett. Ich wagte kaum zu atmen. Und dann trat tatsächlich jemand ins Zimmer ein. Doch es war nicht die Schwester, sondern die Putzfrau. Fräulein Ursula. Eine resolute, ältere Frau, die uns Kinder andauernd zurechtwies. Wir störten sie wohl, weil wir im Weg waren. Ich war enttäuscht. Aber da ich nun mal in Position lag, tat ich, was ich vorhatte. Ich streckte meinen Kopf genau zwischen ihren Beinen vorsichtig hervor.

Mein Herz raste. Natürlich hatte ich Angst, sie würde einen Fuss bewegen und damit an meinen Kopf stossen. Nicht den drohenden Schmerz fürchtete ich, sondern die Blamage.

Es kam nicht dazu. Ich erwischte einen Moment, in dem sie sich nicht bewegte. Der Blick aber war eine einzige grosse Enttäuschung. Ich sah ein Gewirr von dunkelbraunem Nylon, beigen Gummizügen und metallenen Verschlüssen. Alles hatte ich erwartet, nur das nicht. Statt einer Augenweide – ein unsinnlicher Abgrund. Ich wusste, das kann es nicht sein. Und überlegte mir eine neue Strategie.

Pro Stockwerk gab es ein grosses Badezimmer. Darin waren eine Badewanne, eine Toilette und direkt daneben ein grosser Windelschrank mit Schiebetüren. Meine Idee: Ich lege mich genau auf der Höhe des Toilettensitzes in den Schrank, warte, bis jemand vom Personal aufs WC muss, und öffne dann ganz vorsichtig die Tür. Ich wäre auf idealer Augenhöhe. Ich kroch also in den Schrank, ins mittlere Fach, hatte exakt die ideale Position. Und war nur etwa siebzig Zentimeter vom imaginierten Po auf dem WC entfernt. Wieder begann das Herzrasen. Ohne die geringste Ahnung, wer oder was da kommen würde, hatte ich das Gefühl, dass mir etwas Epochales bevorstand.

Auch diesmal war die Realität eine ganz andere. Als endlich jemand die Tür öffnete, sie hinter sich zusperrte und zur Toilette tippelte, war ich stocksteif vor Angst. Ich hörte Stoffrauschen, da wurde wohl eine Schürze gehoben und eine Hose runtergeschoben. Ich hörte Geräusche, wie man sie nur auf dem WC hört, konnte mir vieles bildhaft vorstellen. Doch das Fudi sah ich nicht. Ich traute mich nicht, die Schiebetür zu öffnen.

Als die Person, ich weiss nicht, wer es war, die Spüle gezogen, sich die Hände gewaschen hatte und hinausgegangen war, wartete ich noch eine ganze Weile, dann kroch ich aus dem Windelschrank hervor und verliess das Badezimmer. Ich war so nah am Ziel gewesen, zumindest räumlich, doch noch immer weit von der Erfüllung meiner Sehnsucht entfernt. Eine neue Idee musste her. Und ich hatte eine.

Es gab auf der gleichen Etage ein um einige Jahre älteres Mädchen, welches ein Einzelzimmer hatte. Jeden Tag frühmorgens, bevor die Schwestern kamen, wurde allen Kindern im Kinderspital Fieber gemessen. Damit es schneller ging, rektal. Das heisst, das Thermometer wurde uns in den Po geschoben. Meine Idee war nun folgende: Ich krieche mitten in der Nacht ins Zimmer dieses Mädchens, lege mich unter ihr Bett, und wenn die Schwester kommt, um die Temperatur zu messen, schaue ich hervor und sehe so endlich einen Po.

Ich lag also unter dem Bett – und sah überhaupt nichts. Es war nicht möglich, von unter dem

Bett ohne Spiegel auf das Bett zu sehen. Das hatte ich bei meinen Überlegungen nicht bedacht. Ich war entsetzt über diesen missglückten dritten Versuch. Und ich war ebenso entsetzt über meine eigene Dummheit.

Es dauerte eine ganze Weile, bis ich mich von diesen Enttäuschungen erholt hatte und neuen Mut fasste. Meine guten Ideen waren alle verpufft. Zwar schwirrte es nur so von Fudis rund um mich herum, doch weit und breit war keines, welches ich hätte anschauen können. Als der Drang immer grösser wurde, beschloss ich, aufs Ganze zu gehen. Es gab eine Schwester, welche ich schon immer angehimmelt hatte. Sie hatte ein riesiges Herz – und einen ebensolchen Busen. Tagsüber war mein Thema tabu. Ich wartete also geduldig, bis sie Nachtwache hatte. Als meine Zimmergschpänli schliefen, drückte ich den Klingelknopf. Und wieder raste mein Herz. Ich hatte, das war mir haargenau bewusst, etwas Unverschämtes vor. Als die Schwester kam, wie immer mit einem freundlichen Lächeln im Gesicht, fragte ich sie, ob sie mir nicht bitte, bitte ihr Fudi zeigen würde. Ihr Gesicht erstarrte, ich bekam eine Ohrfeige, und ohne ein einziges Wort war sie auch schon wieder aus dem Zimmer verschwunden. Ich verkroch mich tief unter die Decke, weinte vor mich hin und spürte trotz Enttäuschung und Schmerz irgendwie: Ich bin da etwas Grossem auf der Spur. Die Zeit war nur noch nicht reif.

Zwischen den Beinen

Ich liebte das Schwimmen. Sich frei bewegen, ohne Gehapparat, ohne Prothese, ohne Korsett, ein Wahnsinnsgefühl. So leicht wie im Wasser bewegte ich mich nirgends sonst. Diese Schwerelosigkeit, befreit von all den metallenen Geräten, das gab mir eine einmalige, sonst kaum erlebbare Freiheit. Wohl darum lernte ich es sehr schnell und war schon als Kind ein ausgezeichneter Schwimmer.

Im Keller des Spitals war ein grosses Therapiebad. Und egal wie viele Therapeutinnen und Kinder sich dort tummelten, ich schlängelte mich elegant zwischen allen hindurch. Auf und unter dem Wasser, flink, behände, schnell. Rückenschwimmen ging kaum, weil man da nichts sieht. Und bei so dichtem Verkehr war es schon notwendig, die Augen offen zu halten. Entsprechend waren sie übrigens wegen des vielen Chlors und des Fichtennadelzusatzes, der wohl die Gerüche etwas überdecken sollte, stets rot und entzündet.

Ich kraulte und wand mich durch das Wasser, es war eine wahre Freude. Natürlich hatten wir jeweils Therapie, aber weil meine Therapeutin meinen Bewegungsdrang nicht bremsen wollte, liess sie mich minutenlang frei schwimmen. Unbedarft, fröhlich, ein Schweben wie im Traum.

Einmal geschah etwas ganz Besonderes. Ein Ereignis, welches ich nicht vergessen und mich noch lange beschäftigen würde. Meine Physiotherapeutin war erfreut, wie gut ich tauchen konnte. Also stellte sie mir eine Aufgabe. Sie spreizte ihre Beine und sagte: Ich mache jetzt einen Tunnel, versuche hindurchzuschwimmen. Was für eine spannende Aufgabe. Ich holte tief Luft, tauchte unter und schwamm, sehr darauf bedacht, ihre Beine ja nicht zu berühren. Warum ich Angst hatte, ihre Schenkel zu berühren, war mir überhaupt nicht bewusst, es war einfach so.

Als ich auf der anderen Seite wieder auftauchte, klatschte die Physiotherapeutin in die Hände und fragte lachend: Magst du noch mal? Also holte ich wieder Luft, tauchte ab und machte das Ganze noch einmal, diesmal von der anderen Seite. Ich tauchte auf, prustete, lachte. Auch sie fand offenbar Spass daran und fragte erneut:

noch einmal? Beim dritten Mal berührte meine rechte Schulter ihren linken Oberschenkel. Ich zuckte zusammen. Nicht etwa, weil ich fürchtete, sie würde jetzt mit mir schimpfen. Nein, irgendetwas mir völlig Unbekanntes durchzuckte meinen Körper. Es war einfach sagenhaft schön. Ich dachte, das wars jetzt.

Als sie mich trotz der Berührung erneut ermutigte, verflog meine Angst. Ich streifte nun absichtlich mit der rechten Schulter die Innenseite ihres linken Oberschenkels – und erneut wieder dieser unerklärliche Blitz. In der Folge berührte ich jedes Mal mindestens einen, am Schluss sogar beide Oberschenkel. Mein Körper bot eigentlich stets ein Problem, man wollte ihn strecken, gerade biegen oder ihn in ein Hilfsmittel hineinpressen. Das hier Erlebte war eine ganz neue Art von Körpergefühl und Körperkontakt. Im wahrsten Sinne des Worts eine Sensation.

Als meine Therapiezeit zu Ende war, strahlte ich vor reinem Glück. Ich fühlte mich erleuchtet. Die Schwimmstunde hatte mir eine neue Welt eröffnet, die ich weder benennen noch mit irgendetwas anderem je Erlebtem in Verbindung bringen konnte.

Ich verabschiedete mich also von meiner Therapeutin und schwamm zum Beckenrand, wo ich von meiner Schwester in Empfang genommen wurde. Sie hob mich aus dem Bad und setzte mich auf die Umkleidebank. Dort zog sie mir die Badehose aus und begann mich abzutrocknen. Meine Haut war gerötet, die Fingerkuppen ganz weich und gewellt. In dem Moment kam die Oberärztin herein, stellte sich neben uns und erklärte der Schwester, welche gerade meinen Unterleib mit einem Tuch trockenrieb: «Sie wissen, Schwester, es ist ganz wichtig, dass Sie den Jungen zwischen den Beinen besonders gut trocknen. Da genügt Abtupfen nicht, Sie müssen richtig fest reiben. Zwischen den Beinen darf es keine Feuchtigkeit mehr haben. Das könnte gefährlich werden, da könnte sich etwas entzünden.» Einmal mehr hatte ich keine Ahnung, wovon die Rede war, und liess mich, versunken in die Erinnerungen an das gerade Erlebte, zwischen den Beinen trocken rubbeln.

Beim Orthopäden

Wir Kinder im Kinderspital waren alle eine Laune der Natur. Heute findet man das zuweilen ja durchaus charmant. Damals ging das gar nicht. Die Normalität musste erzwungen werden. Dazu gehörte der aufrechte Gang. Dafür waren orthopädische Geräte nötig, vor allem die bereits mehrfach erwähnten Gehapparate, Prothesen und Korsetts. Eine Orthopädiefirma in Zürich stellte sie her. Jede Woche kam ein Mitarbeiter nach Affoltern und passte die Geräte unseren permanent wachsenden und sich verändernden Körpern an. Waren aber grössere Reparaturen fällig oder wurde gar ein neuer Apparat nötig, musste das betreffende Kind nach Zürich gebracht werden.

Für diesen Transport gab es verschiedene Möglichkeiten. Im schlimmsten, weil teuersten Fall wurde ein Taxi organisiert, meistens aber reiste das Kind gleich im Privatwagen des Mitarbeiters mit, wenn dieser ohnehin in die Firma zurückkehrte. Manchmal wurde man von einer

Schwester begleitet. Diese Aufenthalte in Zürich waren mir ein Graus. Man musste immer stundenlang warten. Selbstverständlich beanspruchte die Arbeit an den Apparaten sehr viel Zeit, häufig aber wurden erwachsene Kunden, welche das Wartezimmer betraten, bevorzugt behandelt. Das Kind konnte warten, der Transport zurück fand ja ohnehin erst am Abend statt. Dann fuhr nämlich ein Personalbus von Zürich nach Affoltern, um dort die Ergo- und Physiotherapeutinnen abzuholen und wieder nach Zürich zu fahren.

Die Tage beim Orthopäden waren endlos. Hatte man als Begleitung eine Schwester mit dabei, so konnte diese Warterei durchaus kurzweiliger sein. Je nach Schwester zog sie sich aber sogar noch mehr in die Länge. Glück oder Pech war dem Zufall überlassen. Zu den Schmerzen, welche das Herstellen und Anpassen dieser Geräte immer mit sich brachte, kam diese elende Warterei.

Einmal, als ich mich ohne Begleitung beim Orthopäden langweilte, leerte sich allmählich das Wartezimmer. Ich sass allein in der Kabine, aber es war sehr ringhörig, und so nahm ich wahr, wie die Geräuschkulisse draussen langsam verstummte. Irgendwann kam ein Mitarbeiter und fragte mich, wann ich denn abgeholt werden würde. Ich wusste es nicht. Er verschwand wieder. Nach einer Weile kam der Chef. Der sagte mir, man habe mich vergessen und es gebe keine Möglichkeit mehr für einen Rücktransport nach Affoltern. Man habe deshalb beschlossen, mich ins Kinderspital Zürich zu fahren, ich könne dort übernachten und dann am nächsten Tag frühmorgens mit den Therapeutinnen nach Affoltern fahren.

Es wurde also ein Taxi bestellt, und das fuhr mich ins Kinderspital Zürich. Dort war ich noch nie gewesen. Ausser natürlich als Säugling, aber daran erinnerte ich mich nicht. Ich kam also zu fremden Schwestern, in ein fremdes Zimmer, zu fremden Kindern. Es war ein riesiger Saal im obersten Stockwerk mit mindestens zwölf Kinderbetten darin und mit einer grossen Terrasse. Mir wurde ein Teller mit etwas Essen gebracht, dann wurde ich in ein fremdes Bett gesteckt. Ich kannte niemanden und hatte nur Angst. Immerhin wurde ich am Morgen früh aus dem Bett geholt, angezogen und in den Bus gesetzt. Die Therapeutinnen waren sehr erstaunt. Es war das erste Mal, dass ein Kind mit ihnen mitfuhr. Ich erzählte ihnen, was passiert war, und sie trösteten mich und lachten dabei. Es war eine sehr schöne, aufgeräumte Stimmung. Ich war glücklich, als ich wieder zu Hause im Kinderspital Affoltern ankam.

Ganz anders ein Besuch beim gleichen Orthopäden Jahre später, ich war wohl etwa zehn Jahre alt. Damals begleitete mich Schwester Edith. Sie ging mit den Kindern besonders liebevoll um und hatte immer etwas Mühe, ihre Haare unter der Haube zu verstecken. Als wir beim Orthopäden in der Kabine warteten und warteten und warteten, da ging sie plötzlich hinaus, kam kurze Zeit später zurück und sagte mir, sie habe mit dem Orthopäden gesprochen. Er habe gesagt, es dauere noch mindestens zwei Stunden bis zur nächsten Anprobe. Sie habe darum beschlossen, mit mir zusammen in die Stadt zu fahren. Ich wusste nicht, was das bedeutete. Aber es erregte mich freudig, ich war neugierig.

Sie bestellte ein Taxi, und wir fuhren auf einen grossen Platz. Dort stiegen wir aus. Sie sagte mir, das sei das Bellevue. Dann machte sie etwas, was mich noch heute leise schauern lässt:

Sie setzte ihr Häubchen ab. Langes, blondes Haar fiel auf ihre Schultern. Ich staunte nur und war perplex. Alle Schwestern in meinem Leben trugen immer ein Häubchen. Ich hatte mir noch nie vorgestellt, was darunter war. Und jetzt das. Diese Pracht. Die Welt war voller Wunder.

Weil ich kaum gehen konnte und wir auch keinen Rollstuhl dabei hatten, standen wir einfach am Bellevue herum. Aber das war überhaupt kein Problem, es war überaus spannend. Es waren dort so viele Menschen, so viele Autos, so viele Häuser, ich konnte mich vor lauter Staunen nicht sattsehen. Und das Aufregendste war, ich stand hier mitten in diesem Trubel allein an der Seite dieser wunderschönen Schwester mit ihren blonden, langen Haaren. Ich war einfach nur glücklich.

Zwei Stunden später fuhren wir ins Orthopädiegeschäft zurück, und ich probierte die Apparate an. Ich erinnere mich an keinerlei Schmerzen. Schwester Edith war so schön, und sie war so lieb zu mir, sie behandelte mich dermassen exklusiv, da hatten Schmerzen keine Chance mehr, sich irgendwie in den Vordergrund zu drängen.

Schwester Edith veredelte die Stadt. Als ich so allein mit ihr am Bellevue stand, war dieses

Chaos aus Menschen, Autos und Häusern überaus attraktiv. Wenn ich sonst jeweils allein, mit einem Mitarbeiter der Orthopädie oder in einem Taxi nach Zürich fahren musste, dann fand ich die Einfahrt in die Grossstadt jedes Mal grauenvoll. Die Menschen, die Autos, die Häuser, alles schreckte mich ab und verängstigte mich. Ich konnte mir nicht vorstellen, je an einem solchen Ort zu leben. Es war ein immenser Kontrast zur Idylle im Kinderspital Affoltern am Albis.

Mit Schwester Edith war plötzlich alles ganz anders. Es ist unglaublich, was Menschen mit ihrer Art, ihrer Empathie, ihrem Verhalten, ihrer Ausstrahlung alles bewirken können. Welche Kraft sie einem geben können. Schwester Edith schaut mir noch heute über die Schultern, wenn ich plötzlich in eine Situation gerate, in welcher ich mich überfordert oder unwohl fühle.

Jahre später, als erwachsener Mann, wollte ich Kontakt aufnehmen mit Schwester Edith. Ich finde, man sollte es Menschen sagen, wenn sie für das eigene Leben eine so grosse Bedeutung haben. Leider teilte mir die Spitaldirektion aus Datenschutzgründen ihre Adresse nicht mit. Ich wusste nicht mal ihren Nachnamen.

Die Welt öffnet sich

Ich lag schon im Bett. Immer um halb sechs Uhr gab es Nachtessen, anschliessend wurden die Zähne geputzt, so jedenfalls lautete der Befehl, dann ging es ins Bett. An jenem Abend, es war wohl gegen sieben Uhr, war es noch taghell. Da hörte ich draussen vor dem Fenster dieses typische Geräusch, wenn Besteck auf Teller trifft. Ein helles Geklapper. Dazu leises Stimmengewirr. Ich war erstaunt. War da irgendjemand noch nicht im Bett und sogar noch am Essen? Ich konnte es nicht glauben und war innerlich etwas empört, denn selbstverständlich wollte ich auch dabei sein. Also läutete ich und wartete, bis die Nachtschwester kam. Ich fragte sie, ob da draussen noch jemand esse. Da eröffnete sie mir, dass heute, ausnahmsweise, weil so schönes Wetter sei, die Schwestern statt im Esssaal im Freien auf der Terrasse ihr Abendessen einnehmen würden. Ich war total verwirrt. Verblüfft fragte ich sie, ob denn die Schwestern auch essen müssten. Sie lachte und sagte, ja, selbstverständlich. Für mich war das kolossal neu: Ich hatte noch nie eine Schwester essen sehen. Sofort fragte ich, ob die Schwestern denn auch schlafen, sich aus- und anziehen müssten. Da sagte mir die Nachtwache erneut, ja klar, das sei doch selbstverständlich, die Schwestern würden alles haargenau so machen, wie wir Kinder das auch täten. Bis zu diesem Moment hatte ich die Schwestern nie mit uns Kindern verglichen. Sie waren Schwestern. Nie und nimmer Menschen wie wir. In der darauffolgenden Nacht konnte ich lange nicht einschlafen.

Zwei Mal nahm mich eine Schwester zu sich nach Hause mit und eröffnete mir dadurch einen Blick in die Welt. Beim ersten Mal war ich noch ziemlich klein. Das Wochenende war denn auch eher beängstigend als erfreulich. Die Schwester wohnte bei ihren Eltern in Bern. An die Reise erinnere ich mich nicht. Ich erinnere mich aber an die Wohnung. Sie war riesig und vollständig ausgekleidet mit dunklem Holz. Heute weiss ich, es muss eine dieser grosszügigen Berner Altstadtwohnungen gewesen sein. Die Schwester transportierte mich in einem Kinderwagen. Die Rollstühle durfte man damals noch nicht aus dem

Spital mit hinausnehmen. In der Wohnung selbst trug sie mich meist auf dem Arm. Ihre Mutter war eine ältere Frau, die den ganzen Tag eine Schürze umgebunden hatte, ihr Vater ein älterer, ernster und grauhaariger Herr in Militäruniform. Das war für mich völlig neu. Männer sah ich ohnehin kaum, erst recht nicht in einer Uniform. Der Ton innerhalb der Familie war kühl und distanziert, ich sagte nichts.

Ich erinnere mich aber an zwei Ausflüge. Einen machten wir aufs Berner Münster. Die Schwester trug mich den Turm hinauf. Es war eine unendlich lange Treppe, es gab kaum Platz, trotzdem stieg sie mit mir hinauf. Weil ich ihren Kopf mit meinem leicht überragte, musste ich aufpassen, dass ich ihn nicht an einem Balken anstiess. Auch roch es ziemlich muffig. Oben angekommen, war die Aussicht überwältigend. Alle staunten, für mich war ohnehin alles neu.

Der zweite Ausflug ging in den Berner Hauptbahnhof. Der war damals im Bau. Der Vater der Schwester oder ein Bekannter von ihm waren offenbar als Ingenieure beteiligt gewesen. Jedenfalls gingen wir die Baustelle besichtigen. Besonders lang waren wir in einem Stellwerk mit ganz vielen blinkenden Lichtern. Im Zentrum des Raums war eine riesige Tafel. Kleine Lichter gingen an und aus und simulierten wohl vorbeifahrende Züge, die an bestimmten Weichen ihre Richtung änderten. Die umstehenden Männer waren ganz begeistert. Ich staunte einfach, war überrascht, wie viel über Dinge geredet werden konnte, die ich nicht verstand, und wie schlecht die Luft auch hier war.

Die zweite Schwester, die mich mit zu sich nach Hause nahm, war Schwester Rösli. Sie wohnte in Rüti. Ich durfte zu ihr in die Ferien. Und zwar nicht nur für ein Wochenende wie damals in Bern, sondern für eine ganze Woche. Sie wohnte mit einem Mann zusammen, in einer Wohnung in einem Haus. Ich konnte dort essen und übernachten. Tagsüber gingen wir manchmal spazieren. Oft aber war ich auch mir selbst überlassen, weil Schwester Rösli haushalten musste. Zum Glück führte am Haus eine Bahnlinie vorbei. Direkt vor dem Fenster gab es eine Barriere. Sie diente mir als Zeitvertreib. Ich konnte stundenlang zusehen, wie die Barriere rauf- und wieder runterging, wie es bimmelte, wie Menschen und Autos warteten und wieder losfuhren, wie die Züge kamen, vorbeirauschten und wieder verschwanden. Die Stimmung bei Schwester Rösli und ihrem Mann empfand ich als angenehm, auch wenn ich mich die ganze Woche im Grossen und Ganzen ziemlich langweilte. Am schönsten, das machten mir diese beiden Ausflüge klar, war es im Kinderspital. Da gehörte ich hin.

Der Mann

Männer gab es im Kinderspital praktisch keine. Doch mit den wenigen, die sich dort aufhielten, hatten wir Kinder ein Problem. Der wichtigste war der Chefarzt aus Zürich. Er erschien einmal im Monat mit einer ganzen Menschentraube um sich herum und liess sich im Turnsaal nieder. In der Mitte war eine Matte, rundherum gruppierte sich sein Tross mitsamt den Therapeutinnen und Schwestern des Spitals. Der Reihe nach mussten wir Kinder uns ausgezogen bis auf die Unterhosen auf die Matte legen. Dann wurde über uns verhandelt. Es wurde nie mit, nur über uns gesprochen. Und meist nichts Gutes. Das Harmloseste, was zur Sprache kam, waren irgendwelche neuen orthopädischen Geräte, das Schlimmste war die Ankündigung einer Operation. Dann wusste man, jetzt geht es ab nach Zürich, in kompletter Unsicherheit darüber, wann und ob man je wieder zurückkommen würde. Mir wurde drei Mal eine Operation angekündigt: Rücken aufschneiden, Eisenstab rein zur Streckung der Wirbelsäule. Jedes Mal hatte ich eine Höllenangst. Und nie wurde sie ausgeführt.

Der zweite Mann war der Gärtner. Er war immer präsent, wenn auch nie im Haus. Ein seltsamer Mensch. Er sah grimmig und ungepflegt aus und hatte stets irgendein gefährliches Werkzeug in der Hand. Wenn er am Horizont auftauchte, versteckten wir Kinder uns sofort. Wir wollten ihm keinesfalls begegnen. Noch heute, wenn ich einen Horrorfilm schaue, kommt er mir unweigerlich in den Sinn.

Der unangenehmste Mann aber war Herr Gnannt. Ein kleiner, dicklicher Mann mit Glatze, zwischen fünfzig und sechzig Jahren alt. Er erschien in unregelmässigen Abständen in seinem VW Käfer. Was er bei uns zu suchen hatte, ist mir noch heute schleierhaft. Tatsache war, er tauchte einfach auf und verfügte über mich. Ausgerechnet über mich. Obwohl da doch noch 59 andere Kinder waren. Keine Ahnung, warum ich sein Opfer war. Und ich konnte mich nicht wehren. Er kam, setzte mich in einen Rollstuhl und fuhr mit mir in den Wald spazieren. Oder schlimmer noch, er setzte mich in seinen VW Käfer, dann ging es meistens in ein Café, und ich musste mit diesem widerlichen Menschen eine Glace essen. Ungefragt. Einmal landete ich sogar in seiner Wohnung. In Erinnerung ist mir ein riesiger Raum voller Polstermöbel. Er setzte mich auf ein Sofa, und ich wusste überhaupt nicht, was ich da sollte. Es war schlicht und einfach unangenehm und grenzenlos langweilig. Ich wartete nur darauf, dass er mich wieder ins Spital zurückbringen würde. Unwissend, wann es je so weit sein würde. Ich hatte weder die Selbstsicherheit, ihn zu fragen, wann es denn endlich nach Hause gehe, noch den Mut, zu sagen, dass ich sofort und jetzt ins Spital zurückwolle. Ich war diesem Mann einfach ausgeliefert.

Nicht nur mit seiner Präsenz aber wurde ich bestraft, nein, einmal sogar mit seiner Abwesenheit. 1964 war die Expo in Lausanne. Das Kinderspital organisierte einen Bus und fuhr mit einigen Kindern dorthin. Die Lehrerin bereitete uns darauf vor. Ich freute mich riesig. Da hiess es kurz vor Abfahrt, ich dürfe nicht mit. Ich war ausser mir und fragte nach dem Grund. Da wurde mir gesagt, es habe zu wenig Platz im Bus, man müsse auswählen. Und ich dürfe ja immer wieder mit Herrn Gnannt eine Reise mit dem Auto unternehmen, also könne ich ruhig auf diese Busfahrt und die Expo verzichten. Welch grenzenloses Unrecht! Da verfügte ein gänzlich fremder Mann einfach über meine Zeit, ärgerte mich mit jeder Minute seiner Präsenz und war dann auch noch der Grund, weshalb ich von der Reise an die Expo ausgeschlossen wurde.

Als ich Jahre später dieses Unrecht – so erschien es mir – zur Sprache brachte, wurde mir mitgeteilt, es habe immer wieder Menschen gegeben, die sich dem Kinderspital gegenüber irgendwie erkenntlich gezeigt hätten, sei es mit Geldspenden oder anderen Zuwendungen, und da sei man halt etwas in der Pflicht gestanden, sich auch irgendwie erkenntlich zu zeigen. So wurde Klein Alex für Stunden gleichsam zum Goodie für einen Fremden.

Die Hölle

Die Ärztin fuhr einen schwarzen MG. Ich erinnere mich genau. Man setzte mich in den Fond. Das Fenster hinten war zweigeteilt. Durch diese beiden Glasscheiben sah ich das Kinderspital zum vorläufig letzten Mal. Nach zwölf Jahren im Spital fuhr mich die Ärztin nach Hause. Ich war beinahe dreizehn Jahre alt und konnte mit den Krücken zwar nicht allzu lange Strecken, aber doch einigermassen sicher gehen. Man sagte mir am Tag zuvor, dass ich morgen nach Hause könne. Ich fragte völlig verunsichert, was das bedeutete. Schon einmal hatte ich mich ja verabschieden müssen. Ins Kinderheim nach Amden. Zum Glück kam ich nach einem Jahr wieder zurück ins Kinderspital. Jetzt hiess es, es gehe nach Hause. Und zwar für immer. Eine fürchterliche Vorstellung. Es war schon einige Male vorgekommen, dass andere Kinder nach Hause mussten. Wir Zurückgebliebenen hatten jedes Mal grosses Mitleid mit ihnen. Jetzt also war ich dran. Die

Angst vor all dem Neuen, dem Unbekannten zerriss mich fast.

Die Ärztin sagte, sie fahre mich persönlich nach Hause. Was immer das sein sollte: ein Zuhause. Jetzt sass ich also auf dem Rücksitz ihres MGs und sah durch die beiden kleinen Glasfenster das Spital langsam entschwinden. Ich hatte keine Ahnung, wo es hinging und was mich dort erwarten würde. Natürlich wusste ich, es geht nach Zürich, nach Hause. Aber die Begriffe waren für mich ohne Bedeutung. Mit keinem Wort wurde ich darauf vorbereitet, was jetzt kommen würde. Verzweifelt sass ich auf der Rückbank und fuhr durch eine Landschaft, welche ich nicht wahrnahm. Die Ärztin redete pausenlos auf mich ein. Ich verstand kein Wort.

Irgendwann stoppte das Auto. So, Alex, wir sind da. Ich klingle jetzt, dann wird deine Mutter herauskommen. Kurz darauf wurde die Wagentüre geöffnet. Vor mir standen die Ärztin und eine fremde Frau. Die Ärztin sagte stolz, das sei meine Mutter. Ich sagte: Grüezi Schwester Mami. Warum tragen Sie kein Häubchen? Meine Mutter zeigte keine Reaktion. Die Ärztin sagte, das sei keine Schwester, das sei meine Mutter und ich dürfe Du zu ihr sagen. Ich sagte zu der fremden Frau: Ich sage nicht Du Mutter zu Ihnen, ich sage Sie Schwester Mami. Und fragte gleich dazu, warum sie nicht weiss angezogen sei und, nochmals, weshalb sie kein Häubchen trage. Ich bekam keine Antwort, wurde stattdessen aus dem Wagen gehoben und in den dritten Stock hinaufgetragen. Mir wurde gesagt, hier würde ich ab jetzt wohnen.

Die Zimmer waren klein, einen richtigen Korridor gab es nicht. Zudem fehlten die Rollstühle, der Lift und die vielen Schwestern. Ich hörte noch, wie die Ärztin zur Frau sagte: Behandeln Sie ihn wie einen ganz normalen Jungen, nur ja keine Extrawürste. Was das hiess, bekam ich bald zu spüren. Als ich ein paar Tage später einmal draussen war und Durst hatte, klingelte ich an der Wohnungstüre und rief hinauf, ich hätte Durst. Da rief die Frau, also meine Mutter, herunter, ich könne ja hinaufkommen und mir ein Glas Wasser holen.

Obwohl ich das auch aus heutiger Sicht noch immer unmöglich und quälend finde, muss ich doch leicht verschämt eingestehen, dass ich in zwölf Jahren Kinderspital weniger gut gehen und

Treppen steigen gelernt hatte als in wenigen Monaten zu Hause. Im Kinderspital übte ich in der Physiotherapie während Wochen stundenlang das Treppensteigen. Pro Lektion, in dreissig Minuten also, schaffte ich vielleicht drei Stufen. Es war die mit Abstand am wenigsten beliebte Übung. Sie kam mir absolut sinnlos vor, denn wenige Meter neben der Treppe war ein Lift. Und den konnte man ja immer benutzen. Warum also Treppen steigen? Ganz anders zu Hause. Lifte gab es damals praktisch nirgends. Weder in den Schulhäusern noch in öffentlichen Gebäuden und erst recht nicht zu Hause. Ich hatte gar keine andere Wahl, als mich auf die Treppen zu stürzen.

Da meine Armmuskulatur von der Kinderlähmung nicht betroffen war, wuchs diese still und unbemerkt. Mein Oberkörper wurde immer männlicher. Irgendwann sah ich aus wie eine Karikatur von Superman. Gigantischer Oberkörper, spindeldürrer Bauch, und darunter hampelten zwei dünne Beinchen. Wofür Jugendliche heute stundenlang im Fitnesscenter ihre Muskeln pumpen, dazu hatte ich meine Treppen. Die Folgen dieser starken Beanspruchung machten sich erst Jahrzehnte später bemerkbar. Die Überbelastung der wenigen noch funktionierenden Muskeln war enorm. Treppensteigen war irgendwann nicht mehr möglich, die Gehdistanzen schrumpften. Der Rollstuhl war unausweichlich.

Aber wie gesagt, damals, als ich nach Hause kam, war Treppensteigen das Schlimmste. Mehr als einmal pro Tag runter und wieder rauf, war schlicht nicht möglich. Nach diesem Ratschlag, mich wie einen normalen Jungen zu behandeln, verliess uns die Ärztin. Jetzt war ich ganz allein. Die letzte Verbindung zum Kinderspital, zu meiner gesamten bisherigen Welt, zu all meinen Kindergschpänli, allen Schwestern, Physios und Ergos, zu allem, was ich in meinem bisherigen Leben kennengelernt hatte, war abgeschnitten.

Man hatte mich in der Küche auf ein Taburettli gesetzt, einen Hocker ohne Rückenlehne. So etwas kannte ich nicht vom Spital. Es war unbequem, und ich wusste nicht, was jetzt auf mich zukommen würde. Ich war einfach nur traurig und verzweifelt und mir selbst überlassen.

Meine Mutter setzte sich zu mir an den Küchentisch und erklärte mir, sie sei meine Mutter, sie sei keine Schwester, sie trage darum auch keine Haube und keine weisse Schürze, und ich dürfe ihr wirklich Du sagen. Bisher hatte ich nur zu den anderen Kindern im Spital Du gesagt. Und zu drei Schwesterhilfen und einer Physiotherapeutin, welche ich besonders gut mochte und die mir deshalb heimlich im Spital das Du angeboten hatten. Diese fremde Frau aber war mir überhaupt nicht sympathisch, ich kannte sie ja gar nicht.

Und dann ging in diesem schwierigen Moment plötzlich auch noch die Tür auf. Ein Mann kam herein. Männer kannte ich bis auf einige wenige unangenehme Ausnahmen bisher nicht. Sie kamen in meinem Weltbild nicht vor. Entsprechend heftig erschrak ich, als dieser fremde Mann erschien. Um den Schock abzufedern, warf ich meinen Körper an die Rückenlehne. Doch da war keine. Ich kippte mit voller Wucht mit dem Hinterkopf auf den Steinboden. Sterne flackerten auf. Für einen Moment verlor ich das Bewusstsein. Das war meine Ankunft in der Welt. Als ich wieder aufwachte, versuchte mir die fremde Frau, den fremden Mann vorzustellen. Er sei mein Vater.

Er war mittelgross, hatte ein freundliches Gesicht und eine Glatze. Er trug eine Bähnleruniform und arbeitete als Zugführer bei der Sihltalbahn. Meine Mutter war eine kleine, zierliche Frau. Sie trug meistens einen Morgenrock und rauchte von morgens bis abends. Etwas, das ich bis jetzt überhaupt nicht gekannt hatte. Später sah ich meine Geschwister: meine Schwester, zwei Jahre jünger, und meinen sechs Jahre jüngeren Bruder. Es war nicht ihr Fehler, dass ich in den sieben folgenden Jahren, als ich zu Hause lebte, kaum Kontakt zu ihnen fand, weder zu den Eltern noch zu den Geschwistern. Einmal verlorene Zeit findet man nicht wieder.

Erste Gehversuche in die Welt

Nach den Jahren im Kinderspital war ich nun bei meinen Eltern und wollte das erste Mal draussen spielen. Ich sah die anderen Kinder und ging zu ihnen hin, um beim Fussballspielen dabei zu sein. Zwei von ihnen stellten sich auf, um ihre Mannschaften zu wählen. Weil ich neu war, fürchtete ich natürlich, dass mich keiner haben wollte und ich übrig bleiben und zwangsweise zugeteilt würde. Aber so kam es nicht. An jenem Nachmittag blieb ich nicht nur übrig. Als ich als Letzter dort stand, hiess es: Geh aus dem Weg. Das war meine erste Begegnung mit der normalen Gesellschaft. Und mein letzter Versuch, als Kind mit Behinderung in der Welt da draussen einen Platz zum Spielen zu finden. Die Erfahrung war darum so entsetzlich, weil ich im Kispi dank meiner Behändigkeit mit den Gehstöcken zu den besten Fussballern überhaupt gehörte. Bei jeder Mannschaftsbildung war ich erste Wahl gewesen. In der Welt der Gleichaltrigen mit den exakt gleichen Fähigkeiten gabs aber offensichtlich keinen Platz für mich.

Schlimm war auch mein Schulweg. Im Spital fuhr ich mit dem Lift zwei Stockwerke runter, dann war ich im Schulzimmer. Oder später, als ich ins Dorf zur Schule musste, fuhr mich ein Taxi. In Zürich musste ich mich auf einen halbstündigen Fussweg machen. Andere Kinder hätten für die gleiche Strecke kaum eine Viertelstunde gebraucht. Mit Schienen, Prothese, Korsett und Stöcken eine halbe Stunde zu laufen, das grenzte an Folter, alles tat mir weh, überall bildeten sich Druckstellen. Jedes Mal, wenn ich im Schulzimmer ankam, war ich zu Tode erschöpft. Entsprechend ging ich auch nie in die Pausen. Während die anderen fröhlich hinaussprangen und dann während zehn bis fünfzehn Minuten draussen auf dem Pausenplatz spielten, sass ich mutterseelenallein im Schulzimmer auf meinem Stuhl und wartete, bis die anderen Schülerinnen und Schüler wieder hereinkamen. Ich gehörte zwar auch in die Klasse, fühlte mich aber immer völlig isoliert.

Auch die erste Schulreise war ein Graus. Wir schritten alle zusammen los. Nach zehn Metern hatte ich einen Meter Rückstand, nach zwanzig zwei und so weiter. Irgendwann realisierte die Lehrerin, dass ich weit zurückgefallen war. Die ganze Klasse musste auf mich warten. Kaum war ich total erschöpft bei der Klasse angelangt, ging diese in ihrem Tempo weiter. Damit ich aber nicht wieder allein zurückbleiben würde, wurden zwei Schüler von der Lehrerin abkommandiert, um mit mir in meinem Tempo zu laufen. Es war mir unendlich peinlich. Diese beiden wurden gezwungen, auf Befehl bei mir zu bleiben. Nicht freiwillig. Es war eine Strafe. Zumindest bildete ich mir das so ein. Zur Qual meiner Erschöpfung kam jetzt auch noch die Qual dieser Pein.

Beides änderte sich zum Glück schnell. Es wurde alles unternommen, damit ich kurz darauf mit einem Taxi zur Schule gefahren und auch wieder von dort abgeholt wurde. Und für Schulreisen organisierte die Lehrerin einen Rollstuhl. Immerhin.

Mit Fräulein Wunderli, der Lehrerin, hatte ich grosses Glück. Ihre Bewegungen und ihre Sprechweise erinnerten mich an Fräulein Keller, die Lehrerin vom Kinderspital. Dieser Bezug tat meiner Seele gut. Ich lernte nicht für mich, ich lernte für Fräulein Wunderli.

Faszination Flugplatz

Freunde hatte ich während der Zeit im Kinderspital einerseits ganz viele, sowohl Kinder wie Erwachsene, andererseits hatte ich auch keine. Wir waren einfach eine riesige Truppe, welche in unterschiedlichen Zusammenstellungen verschiedene Schulstufen und Therapien zu absolvieren hatte. In der Freizeit tat man sich mit denen zusammen, welche gerade Zeit hatten und zugegen waren.

Erst als ich bei meinen Eltern war und immer nur an den Wochenenden und in den Ferien in mein Zuhause nach Affoltern zurückkehrte, entwickelte sich eine Freundschaft mit Hans Witschi. Er lebt heute als Kunstmaler in New York.

Von Beginn weg war klar, dass ich in den Schulferien ins Kinderspital zurückkehren würde, um die orthopädischen Geräte anzupassen und auch, um die Eltern zu entlasten. Ich erinnere mich an die ersten Sommerferien. Hans, einer der Jungs, welche ich von früher kannte, war zum Glück immer noch dort. Wir freundeten uns sofort an, verbrachten viel Zeit miteinander und hatten auch viel zu besprechen. Ein regelmässiges Thema war unser Berufswunsch. Ich hatte mit der Schule den Flughafen besucht und war enorm beeindruckt gewesen. Also erzählte ich Hans davon. Es ging nicht lange, da fantasierten wir uns dorthin, steigerten uns hinein in eine von uns geschaffene Welt. Der Flughafen wurde zu unserem Lebenszentrum. Ich erzählte Hans, wie ungemein spannend es war, wie die Flugzeuge starteten, wie sie Schub gaben, wie sie die Pisten anpeilten und wie sie landeten. Und dass da jeweils Männer auf den Pisten gestanden hätten, welche mit grossen Kellen den Flugzeugen zuwinkten und ihnen Zeichen gaben, wo sie landen und wohin sie fahren mussten. Uns war schnell klar: Das war unser Job. Wir malten uns aus, wie wir die Flugzeuge mit unseren Krücken herumdirigieren würden. Die Arbeitswerkzeuge hatten wir schon an den Armen, wir mussten an unseren Stöcken nur noch grosse, kreisrunde Reflektoren oder Lichter anbringen. Mit ihnen würden wir den Flugzeugen die Richtungen angeben, sie führen können.

Für uns war es selbstverständlich, dass wir auch auf dem Flughafengelände leben und wohnen würden. Und zwar in einem Häuschen auf der Wiese neben den Pisten, auf den riesigen grünen Flächen, die sich da ausbreiteten. Also einigten wir uns schnell darauf, dort unser Häuschen hinzustellen. Wir würden zusammenleben und hätten zwei Schäferhunde. Diese würden uns Gesellschaft leisten. Unser Arbeitsweg wäre kurz: Immer, wenn wir ein Flugzeug hörten, gingen wir hinaus, verrichteten unsere Arbeit. Wäre das Flugzeug am Ziel, gingen wir wieder ins Haus und sorgten für die Hunde.

Über mehrere Wochen, immer nach dem Abendessen, gingen Hans und ich auf die Terrasse und spannen diese Gedanken weiter. Sie gaben uns Halt und zumindest für eine kurze Zeit die Sicherheit, auch später einmal den Alltag zu meistern.

Dass Hans und ich im Kinderspital nicht schon früher unsere Freundschaft hatten entdecken können, hatte einen einfachen Grund: Die kleinen Kinder wohnten im ersten Stock, die grösseren dislozierte man auf den zweiten, die Jugendlichen verteilten sich auf der dritten Etage.

Es war also klar: Je älter man wurde, desto höher hinauf wanderte man. Natürlich gab es keinen exakten Zeitplan, es war immer auch abhängig davon, welche Betten in welchen Zimmern frei wurden. Und ob eine Schwester ein Kind noch etwas länger bei sich behalten wollte.

Hans war das Lieblingskind von Schwester Trudi im Parterre. Wie ich war er als Kleinkind, etwa einjährig, ins Spital gekommen. Während ich aber dem Alter entsprechend weitergereicht wurde, sagte Schwester Trudi bei jedem anstehenden Wechsel: Hans bleibt bei mir. Er war ihr Lieblingskind und das einzige, welches über die Jahre nicht weiter hinauf platziert wurde. Weil ihn Schwester Trudi nicht hergeben wollte, wurde ihm mit zunehmendem Wachstum jeweils ein grösseres Bettchen, später ein richtiges Bett in sein Zimmer gestellt. Die Ärztin erlaubte das, denn auch sie fand, Hansli sei das süsseste Kleinkind, das ihr je untergekommen sei. Und deshalb blieb er bei Schwester Trudi. Ob er wollte oder nicht. Dadurch verloren wir uns im Spital aus den Augen. Er lebte im Parterre, ich war schliesslich im dritten Stock. Unsere Freundschaft und unser gemeinsamer Berufswunsch entwickelten sich also erst später.

Beim Berufsberater

Drei Mal in meinem Leben war ich mit einem Berufsberater konfrontiert. Das letzte Mal war super, weil ich genau wusste, was ich wollte, und er mich nur in meinem Wunsch bestätigen musste. Was er auch tat und mir so den Mut gab, meinen Weg endlich selbstbestimmt weiterzugehen. Die beiden ersten Treffen waren wohl bezeichnend für die Zeit, in der sie stattfanden. Beim ersten war ich fünfzehn. Ich ging in die Sekundarschule. Alle Absolventen der dritten Klasse mussten zum Berufsberater. Es wurde schliesslich eine entscheidende Weiche gestellt. Da ich bis zwölf im Kinderspital war und mich anschliessend zu Hause völlig abkapselte, hatte ich überhaupt keine Ahnung von der Welt. Der Berufsberater verhandelte also über meine Zukunft. Gleichsam mit sich selbst. Ich hatte ja nichts dazu beizutragen. Also schaute er in mein Zeugnis und sagte, er sehe da gute Noten in Mathematik. Am besten sei es also, ich ginge zu einer Bank. Ich kannte nur die Sitzbank. Also stellte ich mir vor, ich würde nach Beendigung der dritten Klasse auf einer Bank sitzen und warten, bis es Abend würde. Tag für Tag. Eine furchtbare Vorstellung.

Im Spital und daheim hatte ich mich wahrlich schon oft gelangweilt, jetzt drohte sich diese Langeweile noch massiv zu verschärfen. Aber ich war es nicht gewohnt, Fragen zu stellen oder gar zu widersprechen. Also akzeptierte ich den Entscheid und ging voller Zukunftsangst nach Hause.

Zum Glück sagte ein Arbeitskollege meines Vaters völlig zufällig während einer Kaffeepause, als mein Vater offenbar von meinen Problemen erzählte, ich solle doch die Aufnahmeprüfung an ein Gymnasium versuchen. Das tat ich und bestand Gott sei Dank. So hatte ich wieder viereinhalb Jahre Ruhe.

Kurz vor der Matura musste ich wieder zu einem Berufsberater. Diesmal war es ein gestrenger Herr in einer Militäruniform. Er schaute mit bedeutungsvoller Miene in mein Zeugnis und meinte: Herr Oberholzer, Sie sind ein intelligenter junger Mann, mit Ihnen kann ich offen reden. Sie werden nie eine Stelle finden. Also studieren

Sie Mathematik. So sind Sie wieder für eine Weile beschäftigt, und vielleicht haben Sie ja Glück. Mathematiker gibt es immer zu wenige auf dem Markt.

Noch immer war ich es gewohnt, zu gehorchen. Also studierte ich Mathematik. Und arbeitete anschliessend zwei Jahre als Mathematiker. Erst dann, nach zwei Jahren Langeweile als Computer-Programmierer und einer unglücklich verlaufenen Liebesbeziehung brachte ich endlich die Kraft und den Mut auf, alle gut gemeinten Ratschläge beiseitezuschieben und nur noch das zu tun, was ich selbst für richtig hielt. Ich studierte das, was ich von Anfang an gewollt hatte, nämlich Germanistik, Kunstgeschichte und Publizistik. Ich konnte sowohl mein Studium selbst finanzieren als auch anschliessend mein ganzes Leben bis zur Pensionierung.

Mein erstes eigenes Geld hatte ich schon in der Sekundarschule verdient. Der Taxichauffeur, welcher mich jeweils am Morgen ins Schulhaus und am Abend wieder nach Hause fuhr, ging in seiner Freizeit oft schiessen im Albisgütli. Dort brauchten sie immer Jugendliche, welche den Schützen anzeigten, wo die Kugel eingeschlagen hatte. Für diesen Dienst gab es pro Nachmittag fünf Franken sowie einen Cervelat und ein Getränk. Da ich das am Mittwoch- und am Samstagnachmittag machte, kamen doch einige Franken zusammen.

Die ersten Stellen, mit welchen ich fürs Studium Geld verdiente, waren als Vorleser in der Blindenhörbücherei und als Korrektor beim Diogenes Verlag, später als Lehrer für Allgemeinbildung an einer Berufsschule.

Für meine Zukunft bedeutsam war, dass ich realisierte, wie viel Geld ich für meine Kinobesuche ausgab. Ich überlegte, wie ich zu einem Passepartout kommen konnte. Dafür gab es damals genau zwei Möglichkeiten: Entweder man wurde Platzanweiser oder Filmkritiker. Als Mann mit Krücken war Platzanweiser absolut unmöglich, also bewarb ich mich bei der damaligen Stadtzürcher Jugendzeitung «21» als Filmkritiker. Ich bekam die Stelle – und den Passepartout. Und weil ich in der Folge alle zwei Wochen einen Artikel in der Zeitung hatte, wurden andere Redaktionen auf mich aufmerksam. Mein beruflicher Weg war damit eingeschlagen. Ganz ohne Dazutun eines Berufsberaters.

Zurück im Kispi

Der Übertritt vom Kinderspital nach Hause war ein grosser Schock. Die Eltern fremd, die Geschwister fremd. Freunde hatte ich keine. Der Versuch, mit Nachbarskindern zu spielen, scheiterte kläglich. In der Schule blieb ich ein Einzelgänger. Schnell musste ich einsehen, dass ich in dieser neuen Welt mutterseelenallein war.

Entsprechend sah mein Alltag aus: Ich ging zur Schule, kam nach Hause, zog mich in mein Zimmer zurück. Dort machte ich die Hausaufgaben, anschliessend legte ich mich aufs Bett, hörte Radio oder las Bücher. Zum Abendessen ging ich in die Küche, nahm mit meinen Eltern und meinen Geschwistern das Abendessen ein und kehrte wieder auf mein Zimmer zurück. Wie ich das vom Kinderspital gewohnt war, ging ich um sieben Uhr ins Bett. Ich war zwar überhaupt nicht müde, konnte ja aber weiter Radio hören oder lesen.

Natürlich machte mir dieser Alltag keinerlei Freude. Irgendwie musste ich ihn einfach hinter mich bringen. In dieser Situation war es enorm wichtig, einen Lichtblick vor Augen zu haben. Und den konnte ich mir glücklicherweise erschaffen. Schon in den ersten Ferien musste ich nämlich wieder ins Kinderspital. Gehapparate und Korsett mussten angepasst werden, zudem wollten meine Eltern Entlastung. Wovon, war mir allerdings schleierhaft. Für mich waren diese Ferien ein Geschenk. Endlich war ich wieder zu Hause. Dort, wo ich hingehörte.

Die ersten Sommerferien nach meiner Heimkehr waren die schönsten meines Lebens. Als ich am Schluss der Ferien aber nach Hause musste, fragte ich eine Krankenschwester, ob ich nicht jeweils auch übers Wochenende ins Kinderspital – nach Hause – kommen könne. Sie fand die Idee irgendwie rührend und erkundigte sich bei der Spitalleitung. Irgendwann bekam ich Bescheid, diese Frage könne niemand beantworten, sie sei so noch nie gestellt worden. Ich solle es doch einfach mal versuchen. Innerlich jubilierte ich. Mein grauer Alltag war zumindest in der Fantasie schlagartig übersät mit unzähligen Lichtpunkten.

Jetzt ging es nur noch darum, eine Transportgelegenheit zu organisieren. Daran durfte es keinesfalls scheitern. Ich realisierte, dass in der Zwischenzeit gewisse Kinder am Samstagvormittag von den Eltern mit dem Auto abgeholt und am Sonntagabend wieder ins Spital zurückgebracht wurden. Kurzerhand fragte ich den Vater eines Kindes, ob er auf seinem Weg ins Kispi jeweils durch Zürich fahre. Er sagte Ja, und ich erklärte ihm mein Anliegen. Für ihn war es kein Problem, einen kleinen Umweg zu machen und mich jeweils bei meinen Eltern abzuholen und mit ins Kinderspital zu fahren. Am Sonntagabend dasselbe in umgekehrter Richtung.

Von diesem Moment an gewann mein Leben enorm an Qualität. Am Horizont jedes Tages leuchtete das Wochenende – und alle paar Monate die nächsten Ferien. Ich wusste, dann ginge es nach Hause, nach Hause ins Kinderspital.

Natürlich meldete sich irgendwann die Hausverwaltung des Spitals. Es gab plötzlich Probleme, wer denn mein Essen am Samstagabend und am Sonntagmittag bezahlen würde. Ich fand dieses Problem absolut lächerlich und kümmerte mich überhaupt nicht darum. Und irgendwann merkte auch die Hausverwaltung, dass man es mir nicht antun konnte, diese Wochenenden zu verbieten. Und so verbrachte ich ein bis zwei Wochenenden pro Monat im Kinderspital, und dies, bis ich etwa zwanzig Jahre alt war.

Im Nachhinein kann ich gar nicht genug betonen, wie wichtig, ja entscheidend diese Zeit für mein Leben war. Ich kam in die Pubertät, ich hatte riesige Probleme am Gymnasium, ich war in einer Bubenklasse, alles drehte sich um Mädchen, ich kannte keines, ich war der Einzige, der auch an der Maturafeier noch keine Freundin hatte. All das wäre kaum zu überleben gewesen, wenn ich nicht an den Wochenenden mit anderen Kindern, vor allem aber auch mit dem Personal des Kinderspitals, über all das hätte sprechen können.

Ich hatte während dieser Wochenenden eine eigenartige Position: Ich war kein Kind mehr, aber ich war auch noch kein Erwachsener. Das veränderte meine Situation gegenüber dem Personal ganz entscheidend. Die Schwestern nahmen mich ernst, sie sprachen mit mir so wie sonst niemand in meiner Umgebung. Zudem schloss ich während dieser Zeit Freundschaft mit Hans Witschi.

Wichtig an diesen Wochenenden waren auch die Nächte. Ich legte mich jeweils einfach in ein

Bett, welches frei war, weil das entsprechende Kind übers Wochenende nach Hause fahren konnte. Aber natürlich war meine Schlafenszeit später als die der anderen Kinder. Ich sass meist mit der Nachtwache in der Küche und unterhielt mich mit ihr über das Leben. So führte ich viele intensive und interessante Gespräche. Ja, ich würde heute sogar so weit gehen, zu sagen, dass ich in jenen Nächten den Grundstein dafür gelegt habe, dass ich später mein Leben mit Schreiben und Sprechen verdienen konnte. Ich wollte den Nachtschwestern imponieren, also gab ich mir Mühe, ein interessanter Gesprächspartner zu sein. Im Laufe dieser Nächte entdeckte ich, dass ich die Menschen für mich einnehmen konnte, wenn ich ihnen aufmerksam zuhörte und auf sie einging. Oder wenn ich ihnen interessante Fragen stellte oder heikle Probleme schilderte, welche mich beschäftigten. Und ich lernte, dass mit Ironie gewisse Tatsachen entschärft, aufgeweicht oder pointiert werden konnten.

Natürlich verliebte ich mich auch heimlich. Und musste lernen, damit zu leben, dass diese Liebe nicht erwidert wurde. All diese Erfahrungen konnte ich draussen im Leben nicht machen, weil ich ausserhalb der Schule und des Elternhauses keinen Umgang mit Menschen hatte.

Manchmal testete ich meine langsam sich festigenden rhetorischen Fähigkeiten über Gebühr aus. Einmal – so erinnere ich mich – plusterte ich mich dermassen arrogant und ironisch vor einer Nachtwache auf, dass sie zu mir sagte: «Alex, die Gespräche mit dir sind ausserordentlich interessant. Aber jetzt muss ich dir einfach mal Folgendes sagen: Wenn du willst, dass dich die Menschen ernst nehmen, dann hör auf mit diesen Übertreibungen und dieser Ironie. Du brauchst nicht so aufzudrehen, du bist auch gut, wenn du ganz normal bist.» Ich war schockiert, empfand das als eine Zumutung. Ich war so stolz auf meinen rhetorischen Bombast, und jetzt wurde ich genau dafür zusammengestaucht. Erst später merkte ich, wie recht diese Nachtschwester hatte. Obwohl ich damals beleidigt war, denke ich immer wieder an sie zurück.

Ganz wichtig in jener Zeit war auch eine Lehrerin des Kispis. Ich ging nie zu ihr zur Schule, aber sie kannte mich von den Wochenenden. Wie ich wohnte sie in Zürich, und immer wieder lud sie mich zu sich nach Hause zum Kaffee ein.

Dabei nervte sie mich manchmal ein bisschen. Sie sagte regelmässig, wie gut, wie toll, wie intelligent ich sei. Das hatte etwas Eintöniges. Schon schön, aber na ja. Erst mit der Zeit wurde mir die Bedeutung dieser Worte bewusst. Im Dschungel des Lebens, in dem alle schöner waren als ich, intelligenter – nein, das nicht –, aber schöner, schneller, fitter, in dem alle eine Freundin hatten, nur ich nicht, da dachte ich oft an diese Lehrerin und ihre Worte zurück. Der Refrain, der mich manchmal geärgert hatte, wurde jetzt zur Stütze. Heute weiss ich: Sie impfte mir damals vorsätzlich Selbstbewusstsein ein. Pumpte mich voll damit. Und in Momenten, in denen mein Selbstwertgefühl aufgrund der Reaktionen der Gesellschaft jeweils immer kleiner wurde und zu schwinden drohte, da konnte ich diese positiven Worte wieder abrufen.

Diese Lehrerin und all die Wochenenden und Ferien im Kinderspital gaben meiner Seele in der wohl schwierigsten Zeit meiner Jugend die notwendige Kraft, sie zu überstehen und die permanent lodernden Zweifel und Minderwertigkeitsgefühle für Momente beiseitezuschieben. Sie haben mit die Voraussetzungen dafür geschaffen, dass ich mich später im Leben nicht nur zurechtfand, sondern mich auch stolz und würdig behauptete.

Abenteuer Provence

Die Ergotherapeutin des Kinderspitals war eine hervorragende Flötistin. Sie verbrachte ihre Ferien oft mit ihren Musikerfreunden in der Provence. Ende der Sechzigerjahre kam sie auf die Idee, dass die älteren Kinder des Spitals die Schönheiten dieser Landschaft auch erleben sollten. Sie rekognoszierte einen Zeltplatz in Vaison-la-Romaine, organisierte einen Bus, erbat von der Oberärztin die Erlaubnis und fuhr zusammen mit einem befreundeten Musiker, einem Assistenzarzt, zwei Studentinnen, einer Köchin, einer Lehrerin und einer Physiotherapeutin sowie zwanzig Kindern für zehn Tage nach Südfrankreich. Das Lager war ein voller Erfolg. Deshalb wurde es wiederholt.

Im Jahr darauf, 1970, wurde ich angefragt, ob ich auch mitfahren wollte. Weil die Reise vor meinen Schulferien stattfand, musste ich das Rektorat des Gymnasiums Rämibühl, welches ich zu jener Zeit besuchte, um Erlaubnis bitten.

Der Rektor gestattete mir die Reise, allerdings unter der Bedingung, dass ich den ganzen Stoff selbstständig nachholen müsste und danach abgefragt und geprüft würde. Ich hätte ohnehin alles akzeptiert. Die Aussicht, mit den anderen Kindern und ein paar Erwachsenen vom Kinderspital in die Provence zu fahren, erfüllte mich mit ungeheurem Glück. Zumal Hans Witschi, mein Freund, ebenfalls mit von der Partie war.

Ich erinnere mich, als wäre es gestern gewesen. Abfahrt war am Montagmorgen. Natürlich war ich schon am Wochenende im Kispi. Am Sonntagabend, es war der 21. Juni 1970, schaute ich das Finale der Fussball-Weltmeisterschaft zwischen Brasilien und Italien. Anschliessend wollte ich im Turnsaal schlafen und legte mich in eine Ecke. Andere Kinder von auswärts schliefen bereits. Mir gelang das die ganze Nacht nicht. Die Vorfreude war einfach zu gross.

Morgens um drei Uhr wurden wir geweckt. Frühstück brachte ich keines hinunter. Ich war viel zu glücklich. Obwohl ich die Provence nicht kannte, erfüllte mich eine immense Vorahnung. Die Fahrt mit dem Car war eine Fahrt ins

Glück. Wir fuhren im wahrsten Sinne des Wortes der Sonne entgegen.

Das Leben auf einem Zeltplatz war für uns alle etwas völlig Neues und Aufregendes. Wir lebten wie in einem Ameisenhaufen, immer in Bewegung, immer am Improvisieren, am Lachen, am Schreien, am Pläneschmieden. Zum Glück war eine Köchin mit dabei, so hatten wir dank den Essenszeiten wenigstens eine minimale Struktur.

Manche Ausflüge machten wir gemeinsam, andere in Kleingruppen, einige auch zu zweit. Die meisten Kinder waren im Rollstuhl unterwegs – es gab ja genügend Personal, das schieben konnte –, andere gingen an Krücken. Je nach Verfügbarkeit der Rollstühle oder Distanz wählte man zwischen dem einen oder dem anderen. Sofern wie bei mir die körperlichen Voraussetzungen es zuliessen

Ich hatte es schon bald auf die Schwester eines Assistenzarztes abgesehen, welche unser Lager als Hilfskraft begleitete. Zum ersten Mal erlebte ich, was es heisst, sich zu verlieben und nicht zu wissen, wie man das der betreffenden Person zeigen kann. Die Folge davon war ein ewiges Hin und Her zwischen Hoffnung, Glück und

Verzweiflung. Die Welt und mein Herz wurden immer grösser.

Ausser dieser unglücklichen Liebe sind mir aus jener Zeit drei Abenteuer in Erinnerung geblieben. Ich war ein guter Schwimmer, und neben dem Zeltplatz gab es einen kleinen Fluss, die Ouvèze. Es war heiss, so zog ich Kleider und Apparate aus und kroch ins Wasser. Ich war noch nie in einem Fluss geschwommen, immer nur im Therapiebad des Kinderspitals. Also unterschätzte ich die Strömung total. Der Fluss plätscherte derart harmlos dahin, dass ich mich gedankenlos hinein begab. Entspannt liess ich mich im Wasser treiben. Bis ich plötzlich realisierte, dass ich aus eigener Kraft nicht mehr ans Ufer kam. Ich konnte ja nur mit den Armen, nicht aber mit den Beinen schwimmen. Also fehlte mir die Kraft, die Strömung zu überwinden. Zum Glück sah eine Physiotherapeutin vom Ufer aus, wie mich das Wasser mitzog. Sofort rief sie ein paar andere vom Personal zusammen, und gemeinsam rannten sie das Ufer entlang den Fluss hinunter, überholten mich, stiegen in den Fluss und bildeten, einander an den Händen haltend, vom Ufer aus eine Menschenkette, die in den Fluss hineinragte und mich auffing. Ich hatte vor lauter Aufregung gar keine Zeit, mir der Gefahr, in der ich schwebte, bewusst zu werden. Erst als ich am Ufer trocken gerieben wurde und merkte, wie erleichtert alle um mich herum waren, realisierte ich, was da gerade geschehen war. Noch ahnte ich nicht, dass das Wasser nur wenige Tage später eine noch viel grössere Gefahr bereithalten würde.

Vorher aber gings ins Gebirge. Drei Tage nach dem Vorfall in der Ouvèze fuhren wir mit dem Bus über Malaucène hinauf auf den Mont Ventoux, den höchsten Berg in der Provence und immer wieder spektakuläres Etappenziel der Tour de France.

Oben angekommen, stiegen wir aus dem Bus und stemmten uns gegen den Mistral. Der Wind blies stechend kalt, und bald schon beschlossen wir, die Rückreise über Bédoin anzutreten. Da packte mich die Idee, die Abfahrt nach Malaucène, welche ich von der Anreise ja kannte, mit dem Rollstuhl unter die Räder zu nehmen. Ich wusste, es ginge nur bergab, das würde also ohne jede Anstrengung möglich sein. Kurz entschlossen fragte ich den für die medizinische Leitung des Lagers verantwortliche Arzt, Rolf Maibach, ob er mir dieses Abenteuer gestatte. Ich rechnete nicht damit, doch zu meinem grossen Erstaunen erhielt ich die Erlaubnis.

Mein Rollstuhl wurde ausgeladen, ich setzte mich hinein und vereinbarte mit der Leitung, dass wir uns in drei Stunden in Malaucène wieder treffen würden. Der Bus fuhr also über Bédoin nach Malaucène, und ich machte mich auf den direkten Weg, jenen, welchen wir hochgefahren waren. Ich war überzeugt davon, dass das allerhöchstens drei bis vier Kilometer sein würden. Also überhaupt kein Problem. Der Bus und ich fuhren gleichzeitig los, aber in verschiedene Richtungen.

Schon in der ersten Kurve realisierte ich, dass der Weg viel steiler war als vermutet. Obwohl ich mich mit aller Kraft an den Rädern festklammerte, damit sie sich nicht mehr drehten, rutschte der Rollstuhl einfach ungebremst weiter. Es war reines Glück, dass ich bei der ersten Kurve nicht über den Strassenrand hinaus auf den sandigen Felsen katapultiert wurde.

Der zweite Schock kam kurze Zeit später. In Frankreich ist nach jedem Kilometer eine Markierung am Strassenrand angebracht, welche die

Distanz bis zur nächsten Ortschaft angibt. Als ich beim ersten Markierungsstein vorbeifuhr, las ich: Malaucène – zwanzig Kilometer. Das hätte ich nun wirklich nicht gedacht. Ich konnte nur noch hoffen, dass der Rollstuhl und meine Handschuhe das aushielten.

Kurve für Kurve liess ich mich also runtertreiben. So steil wie die erste war zum Glück keine mehr. Und nach einer gewissen Zeit ging die Mondlandschaft auch in eine normale Vegetation über. Das beruhigte mich wenigstens mental. Mit der Zeit rollte ich bergab wie in Trance. Monotones Gerüttel, mit leicht angezogener Bremse. Die Autofahrer, denen ich begegnete, starrten mich entgeistert an. Nach etwa der Hälfte der Distanz waren die Bremsbeläge des Rollstuhls aufgebraucht. Ich musste fortan mit den Händen bremsen. Rechts, wo ich ja keine Hand habe, war das ein ziemliches Problem. Links hatte ich einen Handschuh, rechts knüpfte ich mein Taschentuch um den Stumpf. Dieses war in kürzester Zeit zerfetzt, der Handschuh hielt etwas länger.

Irgendwie gelangte ich nach Malaucène. Mit abgeschliffenen Bremsen, kaputten Handschuhen und zerfetzter Haut, aber glücklich, es geschafft zu haben. Es ging auch gar nicht mehr lange, da kam der Bus. Ich merkte es den Verantwortlichen an, wie erleichtert sie waren, als sie mich, zwar abgekämpft und materialmässig havariert, aber doch strahlend am Strassenrand entdeckten.

Anschliessend im Bus merkte ich es der Stimmung unter den Verantwortlichen an, dass sie nach meiner Abfahrt noch miteinander gestritten haben mussten, ob dieses Experiment nicht doch zu fahrlässig gewesen war. Und irgendwie konnte ich sie auch verstehen. Hätte ich gewusst, dass diese Abfahrt zwanzig Kilometer lang war, ich hätte nie und nimmer um die Erlaubnis gefragt, sie allein in meinem Rollstuhl unter die Räder zu nehmen.

Weil kurz darauf der Reporter der Tageszeitung *Dauphiné Libéré* unser Lager besuchte, stand dort am folgenden Tag unter dem Titel «Nouveau Record au Ventoux» ein kleiner Artikel über mein Abenteuer mitsamt Bild von mir im Rollstuhl. Es war das erste Mal, dass mein Name in der Zeitung stand.

Doch die Aufregungen waren damit noch nicht überstanden. Am Folgetag fuhren wir mit dem Bus ans Meer. Früh mussten wir aufstehen, um zeitig in Sète einzutreffen. Dort am Strand stiegen wir aus. Sand verträgt sich schlecht mit Orthesen und Prothesen. Jedes Sandkorn zwischen Körper und Apparat ritzt sich qualvoll in die Haut. Ich zog deshalb meine Apparate schon im Bus aus und bat die Physiotherapeutin, mich direkt ans Wasser zu tragen.

Da der Mistral blies, war die Hitze durchaus erträglich. Mit der Zeit wurde das Herumliegen auf dem Sand allerdings etwas langweilig. Weil ganz in der Nähe ein unbenutztes Schlauchboot lag, fragte ich Hans, ob er nicht auch Lust hätte, damit ins Wasser zu gehen. Es war etwas mühsam, unsere Körper über den Bootsrand zu drücken, aber irgendwie schafften wir es. Jemand Fremdes half dann und schob uns ins Wasser.

Es war herrlich. Strahlender Sonnenschein, ein kühlender Wind, sanfte Wellenbewegungen des Meeres. Wir lagen im Schlauchboot und blinzelten in den Himmel. Dabei kam es uns vor, als dümpelten wir friedlich an Ort. Als ich nach einer Weile aber den Kopf hob und mich umschaute, erschrak ich: Das Ufer war plötzlich weit weg. Der Mistral hatte uns sanft und unbemerkt weggetrieben. Sofort lehnte ich mich über den Bootsrand hinaus und begann, mit den Armen Richtung Ufer zu rudern. Ich strengte mich ausserordentlich an, und solange ich nur aufs Wasser schaute, hatte ich auch das Gefühl, wir würden uns rasend schnell in Richtung Ufer bewegen. Doch immer, wenn ich wieder zum Horizont blickte, realisierte ich, dass wir uns nur weiter davon entfernt hatten.

Inzwischen wurden die Wellen immer höher, Wasser schwappte ins Boot. Hans zog seine Schuhe aus und schöpfte damit das Wasser hinaus. Ich ruderte, er schöpfte. Irgendwann wurde uns klar, dass wir keine Chance hatten. Wir trieben immer weiter aufs offene Meer hinaus. Trotzdem machten wir weiter, wir hatten keine Wahl. Und irgendwelche Gedanken daran, was das alles für Folgen haben könnte, verboten wir uns.

Nach etwa einer Stunde kam eine Horde Froschmänner auf uns zugeschwommen, in schwarzen Neoprenanzügen, ausgerüstet mit Taucherbrille, einige mit Schnorchel, andere mit Sauerstoffflasche, begleitet von einem Motorboot. Generalstabsmässig fixierten sie unser Boot und zogen es zurück ans Ufer. Dort herrschte ein riesiger Aufruhr. Drei Feuerwehrautos der Pompiers de Sète waren mit Blaulicht vorgefahren, davor ein Haufen Neugieriger. Ein Taucher hob mich aus dem Boot und trug mich zum Bus. Unterwegs kam eine junge Frau auf mich zu und reichte mir ihr Badetuch. Ich sah offenbar ziemlich durchfroren aus.

Als die Verantwortlichen realisiert hatten, dass Hans und ich sowie ein zweites Schlauchboot mit einem Jungen vom Wind immer weiter abtrieben, riefen sie die Rettung. Die Pompiers de Sète kamen relativ schnell. Als sie Hans und mich und den dritten Jungen im Bus in Sicherheit gebracht hatten, sagten sie uns, dass die grösste Gefahr nicht für uns bestanden habe, sondern für einen Touristen, der uns retten wollte. Er habe sich im Wasser überanstrengt und sich übergeben müssen. Ihn hätten sie als Ersten bergen müssen. Sie hätten den Helikopter gerufen, wenn sie uns nicht bald gefunden hätten, erzählten sie. Unter normalen Umständen wäre das ja durchaus aufregend gewesen. Aber jetzt, so mit Sonnenbrand, blauen Lippen und schlotternd, waren wir ganz froh, wieder sicher im Bus zu sein.

Erst Jahre später gestand mir Rolf Maibach, er hätte mir die Erlaubnis zur Abfahrt nie und nimmer erteilt, hätte sich der Ausflug im Schlauchboot vor dem Aufstieg zum Mont Ventoux ereignet. Manchmal braucht man halt einfach Glück.

Wenn ich mir vergegenwärtige, wie viel Abenteuer und Action ich in diesen zehn Tagen Provence erlebt habe, dann scheint das fast etwas unwirklich und übertrieben. Wahrscheinlich kompensierte ich damit die unendliche Ödnis und Langeweile, welche ich in meinem Zürcher Alltag zu Hause bei Eltern und Geschwistern erlebte. Dort war tagein, tagaus immer alles gleich: aufstehen, zur Schule, nach Hause, in meinem Zimmer Aufgaben lösen, zusammen Abendessen, in meinem Zimmer lesen und Musik hören, ins Bett. Und wieder von vorn. Die zehn Tage Provence waren konzentrierte Kompensation. Es erstaunt nicht, dass ich auch später während des Studiums zusammen mit Hans Witschi über Jahre immer wieder nach Vaison-la-Romaine reiste.

Mit der Ergotherapeutin Ruth Burkhart und dem Musiker Ernst Langmeier, welche die Provence-Reisen organisiert hatten, verbindet mich noch heute eine Freundschaft. Ebenso mit

Rolf Maibach, dem ich im Lager so viele Schrecken bescherte. Vielleicht aus Erleichterung darüber, dass damals alles so glücklich verlaufen war, fragte er mich wenige Monate später, ob ich Pate seiner ersten Tochter werden wolle. Der regelmässige Kontakt zu Menschen wie ihm – der übrigens Jahre später nationale Berühmtheit erlangte, nachdem er das Hôpital Albert Schweitzer in Haiti wieder zum Leben erweckt hatte und 2011 zum Schweizer des Jahres gekürt wurde – und seiner Frau war ganz entscheidend dafür verantwortlich, dass ich mich während der folgenden Jahre ganz allmählich in Zürich einleben konnte.

Und dies zum Schluss

Ich weiss aus Erfahrung: Wir Menschen mit Behinderung haben es nicht einfach in dieser Gesellschaft. Wenn ich die Medien verfolge, dann kommt es mir manchmal vor, als wären wir alle Scheininvalide, welche die Gesellschaft schröpfen und in den Bankrott treiben. Wir sind zu teuer und dauernd im Weg, sei es mit dem Rollstuhl im Zug, mit dem Blindenstock im Kaufhaus oder mit dem Hörgerät am Schalter. Wir unterbrechen den Fluss, die Einheit pro Sekunde, welche unsere Gesellschaft – besser: unsere Wirtschaft – in Schwung hält. Wir sind Störfaktoren. Und was stört, wird ausgegrenzt. Nicht vorsätzlich, nein, alle sind schliesslich aufgeklärt, fortschrittlich, liberal und sozial. Die Ausgrenzung geschieht raffiniert, subtil, gleichsam nebenbei. Und selbstverständlich zum Wohl der Betroffenen. In der Schweiz gibt es Sonderschulen, Heime, geschützte Werkstätten. Sie wollen nur das Beste.

Tatsächlich zum Wohl der Behinderten? Wohl eher: zum Wohl einer Gesellschaft, die keine Behinderten will. So sind sie nämlich weg. Aus den Augen, aus dem Sinn. Deshalb begegnen wir ihnen im Alltag so selten. Nicht weil es sie nicht gibt, sondern weil wir sie so raffiniert versorgen.

Menschen mit Behinderung haben es schwer – gerade wegen ihrer jahrzehntelangen Ghettoisierung und besonders in der Schweiz. Noch heute ist die Gesellschaft nicht auf sie ausgerichtet. Für Behinderte ist die Schweiz ein Entwicklungsland. Es gibt noch zu viele Hindernisse: in den Gesetzen, in den Köpfen, in der gebauten Welt. Bin ich mit dem Rollstuhl unterwegs, so bin ich umzingelt von architektonischen Barrieren. Hier ein paar Stufen, dort eine Treppe; nicht einmal alle öffentlichen Gebäude sind rollstuhlgängig.

Unsere Gesellschaft mag den normierten, mit wenigen Fakten erfassbaren Einheitsmenschen. Kompakt, stromlinienförmig, schnell und flexibel. Er passt durch jede Tür, auf jeden Stuhl, in jedes Bett und in jede Toilette; er benötigt 0,3 Sekunden, um ein öffentliches Verkehrsmittel zu besteigen. Und so weiter und so fort. Wir machen da nicht mit. Wir sind Individuen.

Es ist für eine Gesellschaft essenziell, dass Menschen mit Behinderung am öffentlichen Leben teilnehmen können. Sie müssen selbstverständlicher Bestandteil werden, anzutreffen in der Schule, am Arbeitsplatz, im Theater, im Sportstadion. Darum müssen alle diese Institutionen, alle Gebäude und Spielorte für Menschen mit Behinderung zugänglich gemacht werden. Zugänglichkeit ist Voraussetzung für Inklusion. Und diese ist wichtig. Denn Menschen mit Behinderung sind ein für die Gesellschaft lebensnotwendiges Korrektiv. Sie sind ein breiter Pflock mitten im Weg zur Höchstleistung und zum permanenten Glück. Solange es uns gibt, solange zerstören wir den schönsten Traum: den Traum, alles sei möglich, alles sei machbar.

Meine ganz persönlichen Erinnerungen betonen, wie wichtig es ist, dass Menschen mit Behinderung ihren Weg in diese Gesellschaft finden. Trotz und entgegen allen Schwierigkeiten. Integration geschieht immer zum Wohl beider Seiten. Der Kämpfer profitiert, aber auch die Gesellschaft, welche ihre Schwächen erkennt und so die Chance erhält, sich zu verbessern, zugänglicher und damit menschlicher zu werden.

Der Blick zurück auf meine Erlebnisse zeigt aber auch auf, wie sehr sich die Rehabilitation in den letzten fünfzig Jahren entwickelt hat. Und dies nicht nur im medizinischen Bereich, sondern weit darüber hinaus.

Nachwort

«[...] dass die Stärke des Volkes sich misst am Wohl der Schwachen»

Manche Textstellen in diesem Buch von Alex Oberholzer bringen uns heute zum Schmunzeln, nicht wenige jedoch lassen die Leserin, den Leser erschaudern. Dennoch, dieses Nachwort soll nicht eine Anklageschrift an die Vorgängergeneration sein. Alle Protagonisten waren geprägt von der Zeit, in der sie lebten und aufgewachsen waren. So war das Spitalpersonal letztlich verhaftet in der militärischen Hierarchie der Lazarettmedizin des 19. Jahrhunderts. Diese Atmosphäre von unwidersprochener Autorität war auch in unseren Operationssälen noch lange spürbar. Die Rangordnung zwischen Vorgesetzten und Angestellten galt als unbestritten. Sie wurde nicht hinterfragt und höchstens vielleicht hie und da mal unbemerkt umgangen. Diese Haltung beschränkte sich übrigens nicht allein auf die Medizin. Auch das Turnen diente der körperlichen Ertüchtigung für den Dienst am Vaterland. Heute gibt es das Speak-up-Konzept, das alle Mitarbeitenden, unabhängig von der Hierarchiestufe, ermutigt, auf Fehler oder Unterlassungen im Klinikalltag hinzuweisen. Vieles hat sich verändert, und doch: Alex Oberholzers Biografie einer «klinischen» Kindheit dient als ein zeitloses Lehrstück, eine Anmahnung zu einer menschlichen Medizin. Gemeinsam bestreiten der Autor und ich eine Vorlesung über pädiatrische Rehabilitation und körperliche Behinderung an der Universität Zürich; Alex ist «mein Patientenbeispiel», mein Studiogast. Und die Studierenden der Medizin hören ihm zu, wenn er berichtet, dass er die Schwerkraft hasst, und ihnen aufzeigt, wie sich das Klopfen des Reflexhammers aus seiner Perspektive anfühlt. Dann ist es mucksmäuschenstill im Hörsaal.

«Alex Oberholzer geb. 5.7.53 von Adliswil, Eintritt am 6.12.54.» Dies steht in der Zeile 115 des Patientenbuchs 1945–1960 des Kinderspitals Affoltern fein säuberlich geschrieben. Die Diagnose: Poliomyelitis. Oder «"», wie es bei Alex mit einem kurzen Wiederholungszeichen heisst. Denn er ist nicht das einzige Kind aus der Gemeinde Adliswil mit dieser Diagnose. Auf derselben Seite des Patientenbuchs findet sich eine Liste mit Namen aus der Region: Ursli, Ursula und Bärbeli, letztere sind zwei Geschwister; auch ein Kind aus Neftenbach, eines aus Oberkempten – aber auch ein Ernstli von der Zürichbergstrasse sind vermerkt. Zwischen Oktober und Dezember 1954 waren es 18 Eintritte. Nicht nur der ganze Kanton Zürich war betroffen von der letzten grossen Polio-Epidemie; in der Schweiz waren es 1628 Fälle.

Ein Jahr nach Alex' Ansteckung wurde die Schluckimpfung gegen das Virus eingeführt. Ein allmählicher, doch grosser Erfolg. Die Fallzahlen gingen in den Folgejahren stetig zurück, und 1965 wurde erstmals keine neue Polio-Erkrankung gemeldet. Es blieb bei sporadischen Fällen.

Die durch Schmierinfektionen übertragenen Polio-Viren befallen nach Aufnahme durch den Darm und Weiterverbreitung in den Blutbahnen die sog. Motoneuronen, Nervenzellen, welche Bewegungsinformationen vom Rückenmark zu den Muskeln übermitteln. Dies führt zu schlaffen Lähmungserscheinungen. Und ist die Atemmuskulatur betroffen, wird die Krankheit lebensgefährlich, und der Patient muss beatmet werden.

«[...] Der Mensch geht aufrecht, und er sitzt gerade. So lautete der Generalbass, welcher die Belegschaft und die Kinder des Kispis Affoltern am Albis die ganze Zeit über begleitete [...]. Die Normalität musste erzwungen werden. Dafür waren orthopädische Geräte nötig, vor allem Gehapparate, Prothesen und Korsetts [...].» Bei der strukturellen Behandlung durch Schienen und Züge, wie sie Alex Oberholzer beschreibt, ging es darum, Deformitäten von Gelenken und Knochen wie zum Beispiel Skoliose – eine Verkrümmung der Wirbelsäule – zu verhindern und falls möglich die Gehfunktion mit Hilfsmitteln zu erlangen. Die biomechanischen Grundprinzipien haben auch heute ihre Gültigkeit; Schienen und Korsette kommen noch immer zur Anwendung. Durch computerunterstützte Bewegungsanalysen und neue Erkenntnisse zur Wirksamkeit und Unwirksamkeit haben wir heute Instrumente, die eine differenzierte und individualisierte Anwendung erlauben. Eine zeitgemässe Orthetik und Hilfsmittelversorgung folgt dem Grundsatz: so viel wie nötig, aber so wenig wie möglich. Fortschritte konnten auch in der Auswahl der Materialien erzielt werden. Sie sind durch moderne

Technologien sowie 3-D-Druck leicht und stabil. Ausserdem lässt sich Dynamik gezielt dort einbauen, wo zu viel an Stabilität den Patienten behindern würde. Ihn zu fragen, ist nach wie vor der beste Indikator, um zu prüfen, ob eine Orthese hilft. Heute soll die Normalität nicht mehr erzwungen, sondern Funktionen und Aktivitäten ermöglicht werden. Gut gebaute und angepasste Hilfsmittel können die Patienten darin unterstützen, sich gegen die Schwerkraft zu wehren. Und ja, auch die Kosmetik und das Design spielen eine enorme Rolle, gerade bei Kindern. Ein Kind wird eine Schiene, die ihm gefällt und es nicht weiter stigmatisiert, viel eher tragen, und sie hilft ihm, unbelasteter am Alltag teilzunehmen.

Das Denken – und hoffentlich auch das Handeln – der heutigen Rehabilitationsmedizin orientiert sich an der Förderung von Ressourcen und Stärken. Die Einführung des WHO-Konzepts der Internationalen Klassifikation der Funktionsfähigkeit, Behinderung und Gesundheit (ICF) trug massgeblich dazu bei, dieses Prinzip durchzusetzen. Das Konzept ermöglicht es der Rehabilitationsmedizin, den lediglich strukturellen und funktionellen Einbussen eine ganzheitliche Betrachtungsweise voranzustellen. Als oberstes Ziel wurde die Teilhabe an unserer Gesellschaft formuliert. Darauf fusst auch die Behindertenrechtskonvention (BRK), welche von der UNO 2006 und in der Schweiz 2014 ratifiziert wurde. Sie hat zum Ziel, die Inklusion und Gleichstellung von Menschen mit Behinderung zu erreichen.

Alex Oberholzers Geschichte spielt noch vor dieser Zeit und auch vor dem grossen Strukturwandel der Rehabilitationsmedizin in der Schweiz. Dieser kündigte sich durch die Einführung wirksamer Medikamente gegen Tuberkulose an, welche die Kuraufenthalte in den Luft- und Bäderkliniken – ein wichtiger Wirtschaftszweig des 19. und frühen 20. Jahrhunderts – obsolet machten.

Kinder mit Bewegungsstörungen wurden bis dahin vornehmlich und langzeitlich mit konservativen orthopädischen Massnahmen und Haltungsübungen therapiert. Spezialschulen für Kinder mit besonderen Bedürfnissen oder gar Integrationskonzepte gab es noch keine. Die Medizin separierte und wurde der Bildung vorangestellt.

In Zürich wurde 1912 vom Verein Balgrist «Die Anstalt für krüppelhafte Kinder Balgrist» mit folgendem Zweck gegründet: «[...] die Errichtung einer Anstalt für die ärztliche Behandlung, Erziehung, Schulung und Berufsbildung krüppelhafter Kinder aus allen Teilen der Schweiz unter vorübergehender oder dauernder Aufnahme». Die 74 Betten waren bereits im zweiten Betriebsjahr alle belegt. Der Balgrist und das Kinderspital Zürich arbeiteten in der Orthopädie eng zusammen. Sie betrieben beispielsweise eine gemeinsame Sommerstation für Kinder mit Polio in Bad Ragaz, in welcher auch Alex die Sommermonate verbrachte. Im Hottinger Kinderspital herrschte 1944 grosse Platznot, bedingt durch eine hohe Anzahl Flüchtlingskinder, aber auch durch schlimme Epidemien von Diphtherie und Keuchhusten. Dies gab den Ausschlag, dass Professor Guido Fanconi, der damalige Ärztliche Direktor des Kinderspitals Zürich, die Kneippanstalt Lilienhof auf dem Mühleberg ob Affoltern am Albis kaufte. Als «Abteilung für rekonvaleszente Kinder» nahm die Aussenstation 1945 nach kurzem Umbau den Betrieb auf. Sie lag wie damals der Balgrist «extra muros», also ausserhalb der Zürcher Stadtmauern.

«[...] Ich freute mich jedes Mal wahnsinnig auf die Physiotherapie. Obwohl sie eigentlich eher langweilig war. Die lahmen Glieder wurden durchbewegt, man musste versuchen, mit bestimmten, kaum oder gar nicht vorhandenen Muskeln irgendwelche Bewegungen durchzuführen [...].» Dies ist die Erinnerung von Alex Oberholzer an die Physiotherapie. Bereits 1919 wurde in der Schweiz der Verband für Physiotherapie gegründet. Der Beruf war ursprünglich von Bademeistern und Masseuren der Bäderkliniken ausgeübt worden. In der Kranken- oder Heilgymnastik wurden spezifische Übungen im Turnsaal durchgeführt und der Bewegungsapparat mit sogenannt passiven Massnahmen wie Massagen, Wassertherapie und Streckapparaten behandelt.

Für Kinder mit neurologischen Bewegungsstörungen fehlte in der Schweiz ein ambulantes therapeutisches Angebot, weshalb sie oft über Monate und Jahre stationär in entsprechende Kliniken aufgenommen wurden. Die grossen Polio-Epidemien in den 1950er-Jahren riefen einen hohen Bedarf an Behandlungsplätzen und neuen Konzepten hervor. 1959 führte Dr. Elsbeth Köng, unterstützt von der britischen Physiotherapeutin Mary B. Quinton, den ersten Physiotherapiekurs nach Bobath in Bern durch. Das damals moderne Bewegungskonzept wurde zur Behandlung von Kindern mit Cerebralparese eingesetzt. In den folgenden Jahren wurden verschiedene ambulante Therapieangebote für Kinder eingerichtet, was eine Ära einläutete, in der zahlreiche neue Behandlungskonzepte Anwendung fanden.

Ein revolutionäres Postulat, das aber erst in den 1990er-Jahren die neurologische Rehabilitation umwälzen sollte, formulierte der polnische Neurowissenschaftler Jerzy Konorski (1903–1973) mit dem Begriff «Neuroplastizität» bereits 1948. Verstärkt durch «Phantoms in the Brain», das 1998 erschienene Buch von Vilayanur S. Ramachandran und Sandra Blakeslee, verbreitete sich die Kunde der therapieinduzierten Reorganisation des Gehirns wie ein Lauffeuer in der Rehabilitationslandschaft.

Das Paradigma, dass Üben nützt, welches in Musik und Sport eigentlich schon längst bekannt war, brauchte in der Rehabilitation etwas länger, um Fuss zu fassen. Zahlreiche Studien zeigten, dass Erfolg in der Rehabilitation nicht nur von Intensität und Frequenz abhängt, sondern insbesondere auch von der aktiven Teilnahme und damit verbunden von der Motivation des Patienten. Das Konzept des Übens ist jedoch für Kinder nicht per se attraktiv. Es ist die Kunst der Therapeutinnen und Therapeuten, Therapieinhalte so vielfältig und spielerisch zu verpacken, dass die Kinder aktiv mitmachen. Reha darf, ja Reha muss Spass machen (wie Schule übrigens auch). Verordnete Langeweile darf es nicht mehr geben.

Hier kommt uns die Forschung und Entwicklung entgegen, welche mittels computergestützter Methoden mit Gamification und Serious Games repetitives Training mit Spass und Freude zu verbinden vermag.

Aber natürlich gibt es in der Kinder-Reha auch heute immer wieder Momente, die für die Kinder und Jugendlichen schwer sind.

«Diesen [den Eltern] wurde gesagt, es wäre besser für das Kind, wenn sie es nicht besuchen kämen. Wegen der Bazillen, der Viren und des immer wieder neu entfachten Heimwehs [...].» Ein Kind oder Jugendlicher verbringt heute durchschnittlich 44 Tage in der Kinder-Reha. Die Aufenthaltsdauer ging in den letzten drei Dekaden kontinuierlich zurück. Es gibt aber Kinder, die zum Beispiel nach schwerem Schädelhirntrauma oder Schlaganfall bis zu einem Jahr in der Klinik verbringen müssen – eine lange Zeit. Umso wichtiger ist es, dass sie sich wohl- und geborgen fühlen. Die Charta European Association for Children in Hospitals (EACH) fordert, basierend auf der UN-Konvention für die Rechte von Kindern (KRK), dass Kinder im Krankenhaus das Recht haben, ihre Eltern jederzeit bei sich zu haben. Mittlerweile werden sechzig bis siebzig Prozent unserer Kinder während des Rehabilitationsaufenthalts von ihren Eltern begleitet. Dies stellt die in den 1980er-Jahren erbaute Spitalinfrastruktur vor grosse Herausforderungen, da mehr Raum benötigt wird. Es ist aber auch für die Familien eine Herausforderung, sich um ihr krankes Kind herum zu organisieren. Ein Kind ist nie allein krank. Auch seine Geschwister müssen betreut werden. Eine kürzlich eingeführte Errungenschaft auf nationaler Ebene ist darum der Betreuungsurlaub, ein Erwerbsersatz für Eltern von schwer erkrankten und verletzten Kindern.

Damit verbunden ist aber auch der zwingende Einbezug der Eltern in die Planung und Durchführung des Gesundheits- und Rehabilitationsprozesses. Heute ist die Partizipation von Eltern sowie Patientinnen und Patienten auch ein wichtiges Thema in der Planung und Durchführung von Forschungsprojekten.

Der bedeutsame Satz, den ich diesem Nachwort als Titel vorangestellt habe, steht in der Präambel unserer Bundesverfassung. Nicht nur in der Kinder-Rehabilitation, sondern in der gesamten Kindermedizin kümmert sich das Gesundheitspersonal um «schwache» Kinder und Jugendliche. Es ist Aufgabe der «health professionals», die Politik auf die Bedürfnisse der uns anvertrauten Patientinnen und Patienten aufmerksam zu machen. Alex Oberholzers Buch zeigt auf, dass wir heute wahrscheinlich einige Dinge besser machen als früher. Aber es ermahnt uns auch, dass wir diese Errungenschaften nicht dem Diktat einer zunehmenden ökonomischen Dominanz unterordnen dürfen. Wenn ausschliessliches Zahlendenken die damals herrschende Autorität ersetzt, haben wir nichts gewonnen. Manchmal ertappe ich mich bei der Frage, warum wir eigentlich Spitäler betreiben. Ja, die Kindermedizin und insbesondere die Rehabilitation von Kindern und Jugendlichen ist teuer – und ja, auch Inklusion, wenn diese nicht zu einer leeren Worthülse verkommen soll, kostet etwas. Beides aber lohnt sich. Wir haben uns diesen Anspruch selbst in die Verfassung geschrieben. Wenn es gelingt, Menschen durch Rehabilitation und Inklusion aus der Schwäche hin zur Stärke zu begleiten, damit sie ein erfolgreiches und erfüllendes Leben führen können, sind wir einen Schritt weiter. Alex Oberholzers Buch ermutigt uns dazu.

Andreas Meyer-Heim
Chefarzt Kinder-Reha Schweiz,
Universitäts-Kinderspital Zürich

Literatur

Behindertenrechtskonvention: www.edi.admin.ch/edi/de/home/fachstellen/ebgb/recht/international0/uebereinkommen-der-uno-ueber-die-rechte-von-menschen-mit-behinde.html

Böni, Thomas; Rüttimann, Beat: Geschichte der Universitätsklinik Balgrist. Online: www.balgrist.ch/fileadmin/user_upload/Ueber-uns/Klinik/Balgrist_Klinik_Geschichte.pdf

Bundesverfassung der schweizerischen Eidgenossenschaft: www.fedlex.admin.ch/eli/cc/1999/404/de

Charta für Kinder im Spital: www.kindundspital.ch/downloads/each-charta

Grotzer, Michael (Hg.): Kinder- und Jugendmedizin heute und morgen. Entwicklungen und Herausforderungen. Zürich 2018.

Meyer-Ahrens, Conrad: Die Heilquellen und Kurorte der Schweiz und einiger der Schweiz zunächst angrenzenden Gegenden der Nachbarstaaten. Zürich 1867.

Wiesmann, Matthias: 150 Jahre Kispi. Das Universitäts-Kinderspital Zürich im Wandel der Zeit. Zürich 2018.

Bildnachweis

Die Luftaufnahme des Kinderspitals aus dem Jahr 1960 und die beiden Bilder der Schwestern stammen aus dem Archiv der Kinder-Reha Schweiz. Alle anderen Bilder sind aus Privatbesitz.

Dank

Bedanken möchte ich mich bei Prof. Dr. Michael Grotzer vom Kinderspital Zürich und bei Prof. Dr. Andreas Meyer-Heim von der Kinder-Reha Schweiz. Die heutigen Vorsteher der beiden Kliniken, die meine Kindheit so sehr prägten, unterstützten mich bei diesem Projekt, wo immer sie konnten. Danke auch den Verantwortlichen der Eleonorenstiftung sowie Annette Paltzer für ihre Beiträge an die Produktionskosten. Herzlich bedanken möchte ich mich bei Denise Schmid vom Verlag Hier und Jetzt. Sie glaubte von Anfang an an das Projekt, unterstützte und motivierte mich und steuerte es unaufdringlich, aber zielgerichtet zur Vollendung. Ein grosses Danke auch an die Lektorin Rachel Camina, welche sich einfühlsam mit dem Text auseinandersetzte, ihn von Redundanzen und Schwurbeleien befreite und ihm so jenen Schliff gab, den ich jetzt selbst geniessen kann. Danke auch Naima Schalcher, welche das Buch auf eine Weise gestaltete, dass es Lust macht, es in Händen zu halten und darin zu blättern.

Der Verlag Hier und Jetzt wird vom Bundesamt für Kultur mit einem Strukturbeitrag für die Jahre 2021–2024 unterstützt.

Verlag und Autor bedanken sich für die grosszügige Unterstützung bei:
Kinderspital Zürich, Eleonorenstiftung
Stiftung für Abendländische Ethik und Kultur
Annette Paltzer

Umschlagbild: Alex Oberholzer, achtjährig, im Kinderspital Affoltern am Albis, 1961.

Lektorat: Rachel Camina, Hier und Jetzt
Gestaltung und Satz: Farner Schalcher, Zürich; Naima Schalcher
Bildbearbeitung: Benjamin Roffler, Hier und Jetzt
Druck und Bindung: DZA Druckerei zu Altenburg GmbH, Altenburg

Dieses Buch ist nach den aktuellen Rechtschreibregeln verfasst. Quellenzitate werden jedoch in originaler Schreibweise wiedergegeben. Hinzufügungen sind in [eckigen Klammern] eingeschlossen, Auslassungen mit [...] gekennzeichnet.

3. Auflage

www.hierundjetzt.ch
ISBN Druckausgabe 978-3-03919-591-6
ISBN E-Book 978-3-03919-999-0